TOEIC対策専門講師
早川幸治 著

TOEIC BRIDGE® Test
はじめてでも150点突破

ナツメ社

はじめに

「TOEIC Bridgeっていうのを受けなきゃいけないんだけど、何をしたらいいのかな……」

そんな悩みから本書を手にしていただきありがとうございます。お金や時間の投資につながるその選択が「正解だった！」と安心していただけるように、学習の流れを工夫して作成しました。学習にはコツがあります。記憶力が悪くても、意志が弱くても、関係ありません。

突然ですが、何かが上達した経験ってありますか？ スポーツでも楽器でも、カラオケでも料理でも、ゲームでも自転車の運転でも、ジャンルは何でもいいので思い出してみてください。上達の過程で、どんなことをしたでしょうか。
カラオケでいえば、何度も聞いて、歌詞を確認して、何度も口ずさんで、そして歌詞を見ずに本番で歌えるようになります。

インプット ➡ 反復練習 ➡ 本番

上達させたものの種類にかかわらず、この手順を踏んだはずです。

話は変わりますが、私はずっと英語が苦手でした。高校2年生のときに英検4級を受けました。中学校2年生レベルの4級ですら書いてあることがわからず「不合格」でした。その後、ひょんなことから英語学習を始めました。

当時の自分自身の経験や、高校や大学、企業における指導経験から、上達法はすべて同じだと確信しました。「英語学習だから特別な才能が必要」なんてことはありません。上達の過程は全部おんなじ。先の【インプット➡反復練習➡本番】の手順どおり学習すれば、確実に得点アップできます。

本書はこの上達の流れを踏んだ学習ステップとなっています。初めから100％の理解は求めなくても大丈夫です。「少しずつ、でも確実に」が成功のカギです。それでは、TOEIC Bridge 150点突破を目指して、学習を始めましょう！

早川幸治（Jay）

Contents

はじめに ………………………………………………………………… 2
本書の特長と使い方 …………………………………………………… 6
TOEIC Bridgeテストとは ……………………………………………… 8
試験の申し込みと当日の流れ ………………………………………… 9
TOEIC Bridgeテストに必要な3つの力 ……………………………… 12
学習プランと学習のコツ ……………………………………………… 13

Part 1　リスニング　写真描写問題 ……………………… 15
Part別学習法 …………………………………………………………… 16
1日目　人物の描写 …………………………………………………… 18
2日目　物の描写 ……………………………………………………… 24

Part 2　リスニング　応答問題 …………………………… 31
Part別学習法 …………………………………………………………… 32
3日目　WH疑問文 …………………………………………………… 34
4日目　Yes/No疑問文＆選択疑問文 ………………………………… 40
5日目　依頼・提案 …………………………………………………… 46
6日目　報告・確認 …………………………………………………… 52
悩み解決コラム①　単語力アップ術 ………………………………… 58

Part ❸ リスニング 会話問題 ·········· 59
Part別学習法 ································ 60
7日目 会話の概要 ···················· 62
8日目 会話の詳細 ···················· 69
9日目 トークの概要 ················ 76
10日目 トークの詳細 ················ 83
悩み解決コラム② リスニング徹底トレーニング ········ 90

Part ❹ リーディング 文法・語彙問題 ·········· 91
Part別学習法 ································ 92
11日目 品詞 ···························· 94
12日目 動詞 ···························· 101
13日目 代名詞＆関係代名詞 ···· 108
14日目 接続詞＆前置詞 ·········· 114
15日目 語彙問題 ······················ 121

Part ❺ リーディング 読解問題 ·········· 127
Part別学習法 ································ 128
16日目 フォーム系文書 ·········· 130
17日目 箇条書きのある文書 ··· 137
18日目 短めの文書 ·················· 145
19日目 長めの文書 ·················· 152

20日目 模擬試験 ······················ 161

別 冊
Part 3、5 問題文訳 ························ 1
模擬試験解答・解説 ······················ 17
覚えておこう！ 基本単語集 ·········· 49

本書の特長と使い方

本書は、TOEIC Bridgeテストを受ける人が、TOEICテストへ移行する目安となる150点を取るための学習をサポートするための問題集です。

20日で一通りの学習が終えられるような構成になっています。20日間、学習を続けると、習慣になります。19日目までを終えたら20日目の模擬試験に挑戦して、また最初から本書を使って学習を繰り返してもいいでしょう。

本番であわてずに問題を解く力を身につけられる、3ステップで構成しています。テストのパートごとに、特徴をおさえながら勉強を進めましょう。

STEP 1　問題の特徴をとらえ、例題を使って問題の解き方を学ぶ。

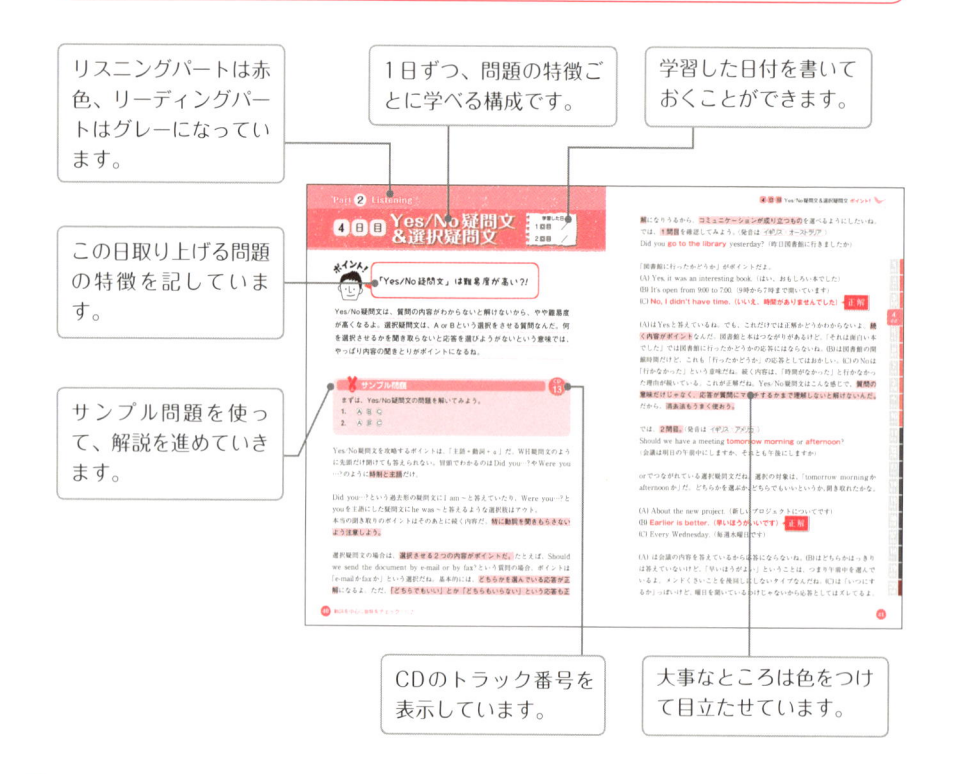

- リスニングパートは赤色、リーディングパートはグレーになっています。
- 1日ずつ、問題の特徴ごとに学べる構成です。
- 学習した日付を書いておくことができます。
- この日取り上げる問題の特徴を記しています。
- サンプル問題を使って、解説を進めていきます。
- CDのトラック番号を表示しています。
- 大事なところは色をつけて目立たせています。

STEP 2　解き方を身につけるためのトレーニングに挑戦する。

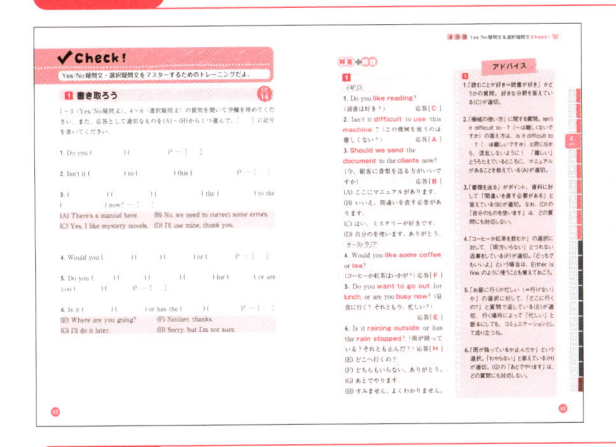

左ページにあるトレーニングに取り組みましょう。リスニング問題の場合は、表示されているCDのトラック番号の音声を聞きます。本書のCDは、アメリカ、イギリス、オーストラリアの発音で収録しています。

STEP 3　問題がきちんと解けるようになったか、力だめしをする。

出題形式に沿った問題で、この日の力だめしをします。できなかったところは、解説に戻ってしっかりおさらいしましょう。

Jay先生からのアドバイスやはげましの言葉を参考にして、学習を続けましょう！

模擬試験

巻末に、1回分の模擬試験がついています。時間を計りながら挑戦してみましょう。実際の試験同様、書き込めるマークシートもついています。

別冊

7〜10日目の音声問題文とその訳、16〜19日目の問題文訳、模擬試験の解答と、ポイント解説を掲載しています。また、本書の1〜20日目で取り上げたTOIEC Bridgeテストによく出る単語をまとめた英単語集も掲載しています。問題のなかには、単語の意味を知らなければ解けない問題もあります。ぜひ、活用してください。

TOEIC Bridgeテストとは

Bridgeとは？

TOEIC Bridgeテストは、英語を使った基礎的なコミュニケーションがどのくらいできるかを測るためのテストです。Bridgeの名が示すとおり、TOEICテストへの架け橋として、TOEICテストよりも「やさしく」「日常的で身近な」英語を使っています。また、時間もTOEICテストより短い1時間となっています。
まだ英語学習を始めて日の浅い人や、英語を使う機会が少なく自信がないという、初・中級者が、基礎的な英語能力を確かめるのに最適なのです。さらに学習を続けて、TOEICテストへとステップアップしていくことができます。

構成は？

TOEIC Bridgeテストには、リスニングパートが3つ、リーディングパートが2つあります。リスニングパートでは、ナレーションや会話を聞いて、設問に答えます。音声はいずれも1度ずつしか放送されず、また問題用紙に印刷されていません。リーディングパートでは、問題用紙に印刷された問題文を読んで、設問に答えます。いずれも多肢選択のマークシート方式です。
次の表を見てください。

リスニングセクション	25分・50問
Part 1　写真描写問題　▶▶▶15問	1枚の写真を見ながら4つの短い説明文を聞きます。写真をもっとも的確に描写しているものを選びます。
Part 2　応答問題　▶▶▶20問	1つの質問と、それに対する3つの回答を聞きます。質問に対してもっとも適切なものを選びます。
Part 3　会話問題　▶▶▶15問	2往復程度の会話や、短い説明文を聞きます。問題用紙に印刷されている質問と回答を読んで、もっとも適切なものを選びます。
リーディングセクション	35分・50問
Part 4　文法・語彙問題　▶▶▶30問	空所のある不完全な文章が印刷されています。空所に合う語彙を4つの選択肢から選びます。
Part 5　読解問題　▶▶▶20問	様々な文章が印刷されています。それを読み、質問文にもっとも合う解答を4つの選択肢から選びます。

試験の申し込みと当日の流れ

試験日、場所、申し込み方法は？（公開テスト）
TOEIC Bridgeテストは、年4回（3月、6月、9月、11月）、全国13都市（札幌・宮城・埼玉・千葉・東京・神奈川・名古屋・京都・大阪・兵庫・岡山・広島・福岡）で実施されます。学校や公共機関などが試験会場となります。申し込みをすると、試験日の2週間前を目安に、試験会場が記された受験票が送られてきます。TOEIC Bridgeテストへの申し込みは、インターネットからのみ、行えます。インターネット申し込みの画面から、必要事項を入力したり受験料（4,320円〈税込・2016年6月現在〉）を支払う方法を選んだりします。

● 申し込みURL
http://www.toeic.or.jp/bridge/

申し込みは、試験日の約1か月前に締め切られますので、公式サイトで確認しましょう。

試験当日は？
試験当日は、指定された会場に時間までに到着します。交通機関が遅れたり駅から会場まで道に迷ったりすることを考慮に入れ、余裕をもって出かけましょう。

● 持ち物リスト
・受験票
・本人確認書類（顔写真のついているもの。運転免許証、学生証、社員証、パスポートなど）
・筆記用具（試験の際、机の上に出しておけるのは、HBの鉛筆またはシャープペンシルと、プラスチック消しゴムだけ）
・腕時計（試験中見えるところに時計はない。携帯電話やスマートフォンは電源を切ってかばんにしまわなければならない）

その他、会場の冷房が効いていて寒い場合もあるので、羽織るものやひざ掛けが必要な人は適宜、準備しましょう。

● タイムテーブル

10:00～10:30	試験会場に入る。どの教室で受験するのか、受験番号と掲示板に張り出されている教室案内を照合して入室する。 机の上に置かれているカードに受験番号が記されているところに座り、準備する。 解答用紙（マークシート）に、受験番号や名前、所属や受験回数などに関する簡単なアンケートに答える欄があるので、それをマークして待つ。 ※トイレ休憩が取れるのはこの時間まで。
10:30～11:00	試験官による試験案内、本人確認（試験官が、本人と本人確認ができるものについている顔写真とを1人ずつ、確認してまわる）がなされる。 また、試験官の合図があれば、HBの鉛筆またはシャープペンシルと、プラスチック消しゴム以外のもの（ペンケース、参考書等）はかばんの中にしまう。 リスニングテストのサンプルが流れ、会場内で音声が聞き取りづらいことがないか、確認する。不都合があれば、このときに申し出ること。
11:00～11:25	リスニングセクション開始。音声は一度しか流れないので、集中して聞く。
11:25～12:00	リーディングセクション開始。試験終了時刻のアナウンスはないので、自分で時間配分をする。
12:00～12:10	合図とともに問題用紙を閉じ、筆記用具を置く。試験官が解答用紙、問題用紙を回収し、不正な持ち出しがないか、数を確認する。合図があれば、試験終了。退室できる。

採点方法

TOEIC Bridgeテストは、英語能力を合否ではなくスコアで表示します。スコアは、リスニングセクション（10～90点）、リーディングセクション（10～90点）の各セクションスコアと、トータルスコア（20～180点）からなります。スコアは2点刻みです。

また、弱点を知り英語能力向上に役立てるために、5分野3段階のサブ・スコアが提示されます。

カテゴリー	内容
Functions （言葉のはたらき）	どのような目的と意図（例：何かの申し出・要求・時間を伝える・指示・情報収集など）で英語が使用されているのかを理解できる。
Listening Strategies （聞く技術）	英語を聞いて、必要な情報を聞き取る、話の要旨をつかむ、内容を推測する、アクセント・発音・時制などを正しく聞き分けることができる。
Reading Strategies （読む技術）	英語を読んで、必要な情報を読み取る、さっと読んで意味をつかむ、話の要旨を見極める、内容を推測する、文章内の構造が理解できる。
Vocabulary （語彙）	日常生活、嗜好、趣味、娯楽、旅行、健康、簡単な商取引などに関する単語や語句、及び文脈における意味を把握できる。
Grammar （文法）	文法を理解し、用法も把握している。

これらのテスト結果は公式認定証に記載され、テストの実施日から35日以内に受験者宛てに発送されます。

TOEIC Bridgeテストに必要な3つの力

何事においても成功するかどうかは「本気度」と「準備の質」によって決まります。ここでは、TOEIC Bridgeテストの対策をするうえで磨くべき3つの力について確認しておきましょう。

1．英語力

英語のテストですから、英語力が必要なのは当たり前ですね。ここでは、単語力や文法力、英語の音を聞き取る力、英文を理解する力などを英語力と呼びます。今ある知識を基礎に、さらに知識を増やしていきましょう！

2．情報処理能力

英語力は「知識」ですが、情報処理能力は「スキル」です。TOEIC Bridgeテストは知識を測る問題もありますが、スキルを測る問題も多くあります。そのため、英語を英語のまま理解する力やスピーディーな処理能力が問われています。知識をスキルに高めることで確実にスコアは上がっていきます。本書を通して、頭で理解するだけではなく、身体で覚えることでスキルアップしましょう！

3．対策力

スポーツにも相手に応じた対策があるように、テストにも対策があります。英語力が上がっても、TOEIC Bridgeテストで求められていない能力であればスコアは上がりませんし、スコアが上がらなければ学習の成果は評価されません。本書で無駄のない対策を行いましょう！

TOEIC Bridgeテストのあと、TOEICテストに挑戦する人もいるでしょう。TOEICテストはさらに難易度が高くなりますが、必要な3つの力は全く同じです。本気の取り組みで、準備の質を高めながら、目標スコア達成に向けて学習をスタートしましょう！

学習プランと学習のコツ

旅行をするときには、しっかりと電車や飛行機の時間までプランを立てますね。そうすることで、限られた時間の中で最大限楽しめるだけでなく、何時の電車に乗れば、何時にどこに着けるか、何時にはどこにいるか、という全体像を把握することができます。

でも、学習をするときにはあまりプランを立てずにスタートしてしまうのではないでしょうか。「時間ができたら勉強しよう」という気持ちでは、どんどん後回しになってしまいます。せっかく本書を手にしたのに、気づいたときには本棚の飾りになっているなんて悲しいですよね。「あのときのやる気はどこにいってしまったんだ!」って。

そうならないためにも、まずは学習プランを立てましょう。学習プランとは、これからの学習の道順を決めることです。旅行でいえば、その日に「どこまで行くのか」を決めることです。プランのない旅行も時には楽しいですが、どこに行きつくかはわかりません。目標スコアを確実に達成するためにも、正しい道順で、着実に進めていきましょう。学習プランを立てるときのポイントは、「ムリなく、でも継続できるものであること」です。

学習を進めるコツ

「結果の出る勉強」と「結果の出ない勉強」があります。結果の出ない勉強とは、やみくもに問題を解いて答えを確認するだけ、というもの。問題を解くことは、現在地のチェック、つまり実力チェックです。健康診断を受けても健康にならないように、問題を解くだけでは力はつきません。勉強した気にはなれるのですが、何も英語力が変わらないのです。

効果的な学習とは、次のステップで進んでいきます。

問題解答(現在地チェック) → **学習**(知識習得) → **トレーニング**(スキル向上)

問題を解くことで現在地がわかります。その後、解説や英文・日本語訳を確認し、知らない単語や話の展開を確認し知識を増やします。しかし、これだけでは、「知っている」だけで終わってしまうため、「できる」という状態まで高める必要があ

ります。そのために、今解いた問題を使って、聞く力や読む力を磨きます。リスニングセクションであればCDを使ってリピートをしたり、表現を身につけるために音読したり。リーディングセクションであれば、全文を意味を取りながらしっかり読むことで、スピードや話の展開を理解する力を高めることができます。

効果的な学習

本書では、Part 1～Part 5まで順番に取り組みパート別対策をした後、最後に模擬試験で仕上げるという20日間の学習プランを組んでいます。しかし、得意・不得意なパートがはっきりしている場合は、学習の順番を変えていただいてもOKです。TOEIC Bridgeテストは知識を測るパートとスキルを測るパートに分かれていますので、まずは知識を測るパートから対策をするということもできます。

●**学習プランA（オーソドックス型）**
Part 1写真描写問題 → Part 2応答問題 → Part 3会話問題 →
Part 4文法・語彙問題 → Part 5読解問題 → 模擬試験

●**学習プランB（知識→スキル型）**
Part 1写真描写問題 → Part 4文法・語彙問題 → Part 2応答問題 →
Part 3会話問題 → Part 5読解問題 → 模擬試験

◆**学習を記録しよう！**（サンプル問題、Check！、力だめし！の正答数を記録しよう）

1日目	2日目	3日目	4日目	5日目
学習日　／	学習日　／	学習日　／	学習日　／	学習日　／
正答数　／10問	正答数　／10問	正答数　／17問	正答数　／13問	正答数　／12問
復習日　／	復習日　／	復習日　／	復習日　／	復習日　／
正答数　　問	正答数　　問	正答数　　問	正答数　　問	正答数　　問
6日目	**7日目**	**8日目**	**9日目**	**10日目**
学習日　／	学習日　／	学習日　／	学習日　／	学習日　／
正答数　／13問	正答数　／13問	正答数　／13問	正答数　／18問	正答数　／14問
復習日　／	復習日　／	復習日　／	復習日　／	復習日　／
正答数　　問	正答数　　問	正答数　　問	正答数　　問	正答数　　問
11日目	**12日目**	**13日目**	**14日目**	**15日目**
学習日　／	学習日　／	学習日　／	学習日　／	学習日　／
正答数　／16問	正答数　／16問	正答数　／16問	正答数　／12問	正答数　／23問
復習日　／	復習日　／	復習日　／	復習日　／	復習日　／
正答数　　問	正答数　　問	正答数　　問	正答数　　問	正答数　　問
16日目	**17日目**	**18日目**	**19日目**	**20日目**
学習日　／	学習日　／	学習日　／	学習日　／	学習日　／
正答数　／13問	正答数　／14問	正答数　／13問	正答数　／13問	正答　／100問
復習日　／	復習日　／	復習日　／	復習日　／	復習日　／
正答数　　問	正答数　　問	正答数　　問	正答数　　問	正答数　　問

Part 1
リスニング
写真描写問題

Part別学習法
1日目 人物の描写
2日目 物の描写

Part別学習法

出題スタイル、傾向は？

写真描写問題では、1つの写真について4つの英文音声が流れてくる。写真について正しく述べているものを、1つ選ぶよ。写真には2つのタイプがあり、1つは「人物」の写真、そしてもう1つが「物や風景」の写真だ。人物の写真では、写真の場所、人物の動作や状態が、物や風景の写真では、写真の場所のほか、物の位置関係や状態など様々な描写の聞き取りが求められるよ。

CD 01

● 人物の写真

(A) The man is singing on the ~~stage~~.
(B) The man is reading a document.
(C) The man is ~~holding~~ a microphone.
(D) The man is ~~putting on~~ a tie.

攻略ポイント1：主語と動詞に注目

● 物や風景の写真

(A) There are dishes in the ~~sink~~.
(B) There is some food on the plates.
(C) There are ~~diners~~ around the table.
(D) There is a tablecloth near a ~~chair~~.

攻略ポイント2：位置関係に注目

Part 1 ｜ 写真描写問題 ｜ 15問

攻略のポイント、学習の仕方は？

生徒：英語が書かれていればわかるんだけど、リスニングのスピードについていけるか心配だなぁ。

Jay：確かに1回で聞き取らなきゃいけないからね。でも、ピンポイントで正解することも大切だけど、消去法を使うこともできるよ。消去法ポイントは、「写っていないもの」と「していない動作」だよ。人物の写真では、ステージは写っていないし、マイクを持ってもいないよね。

生徒：確かに！ あと、問題を解いたあと、どんな学習をすればいいんですか？

Jay：おぉ、それはやる気がある人に多い質問だよ。まずは知識を増やそう。単語や表現がわからなかったら、自信を持って選べないからね。

学習ポイント1：知らない単語や表現を学習しよう

生徒：わかりました！

Jay：それから、リスニングは英語の発音に慣れることが求められるよ。解いた問題については、英文を全部リピートして言い、「文字と音」それから「音と意味」が頭の中で関連づけられるようにトレーニングすることがオススメだよ。これで、聞き取れるものがグンッと多くなるんだ。

学習ポイント2：英文をリピートして英語の発音やリズムを身につけよう

生徒：よーし、まずはPart 1からしっかり頑張るぞ！

Part 1 Listening

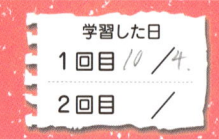

1日目 人物の描写

学習した日
1回目 10/4
2回目 /

ポイント！ 人物の写真では動作が問われる

まずは人物の描写を学習しよう。人物が写っている写真の場合、基本的には動作が描写される。今のあなたの状態を写真に撮られたとしたら、「男性／女性が本を読んでいる」のような描写がされると考えられるよ。

サンプル問題　CD 02

まずは、Part 1 の味見をしてみよう。

1.

Ⓐ Ⓑ Ⓒ Ⓓ

どうだったかな。
聞き方のコツを身につけよう。英語は「主語＋動詞＋目的語」の語順だから、この順番に聞き取れるようにしたいんだ。その中でも、主語＋動詞をしっかりと聞き取ることが大切だよ。ちなみに、人物の動作は、現在進行形というbe動詞＋動詞のingが使われることがほとんどなんだ。She's studying something.（彼女は何かを勉強している）とか、She's holding a pen.（彼女はペンを握っている）のような構文だということも覚えておくといいよ。

18　動詞を聞いて、動作が違えば即消去！♪

今の問題は、「主語+be動詞」がすべてShe'sで始まっていたから、ポイントはそのあとってことだね。間違いの選択肢は、動詞が間違っていることが多いんだ。たとえば、写真の女性は座っているから、She's standing…（女性は立っている）と聞こえた時点で消去できる。まずは動詞を聞き取れるようになることが正解への近道だ！

She's **standing** near a desk.（彼女は机の近くに立っている）
　　　　×立っていない！→不正解

では、先ほど聞いた英文を確認してみよう。〈発音は アメリカ 〉

(A) She's **turning on** the light.（彼女は電気をつけている）
　　　　何かのスイッチを入れることをturn onという。
　　　　×電気のスイッチは入れていないから不可。
　　　　lightとwriteだけで判断しようとすると戸惑うかもしれないけど、似た発音を聞き分けるような問題は出ないから大丈夫だよ。

(B) She's **painting** a wall.（彼女は壁にペンキを塗っている）
　　　　×ペンキは塗っていないよね。

(C) She's **writing** in a notebook.（彼女はノートに書いている）
　　　　何かを書いている。書きつける場所もノートでOK。
　　　　○writingとnotebookともに正しいから正解！

(D) She's **drinking** water.（彼女は水を飲んでいる）
　　　　×何も飲んでいないよ。

2016/10/9/ 6:53 Am

✓Check!

様々なポイントに関する描写を聞き取るためのトレーニングだよ。

1 聞き取ろう

それぞれの写真についての音声を聞いて、(　)に入る語を書き出しましょう。

1.
(A) She's (　　　　) a (　　　　).

(B) She's (　　　　) (　　　) some (　　　　).

2.
(A) The women are (　　　　) at a (　　　　) (　　　　).

(B) The women are (　　　　) a (　　　　).

3.
(A) (　　　　) are at an (　　　　).

(B) Some people are (　　　　) near the (　　　　).

解答＋解説

1

1. (イギリス)
(A) She's **in a supermarket.**（彼女はスーパーマーケットにいる）
(B) She's **looking at** some **items**.（彼女は商品を見ている）

2. (オーストラリア)
(A) The women are **shopping** at a **clothing store**.（女性たちは洋服屋さんで買い物をしている）
(B) The women are **selecting** a **dress**.（女性たちはドレスを選んでいる）

3. (アメリカ)
(A) **Passengers** are at an **airport**.（乗客たちは空港にいる）
(B) Some people are **standing** near the **counter**.（人々がカウンターの近くに立っている）

アドバイス

1

1. (A) 人物がいる場所の説明だね。in the park（公園に）、at a station（駅に）、on a bus（バスに）など様々な場所に関する写真が使われるよ。
(B) 動作を表しているね。この写真であれば、ほかにもpushing a cart（カートを押している）やwalking between the shelves（棚の間を歩いている）などと言うこともできるよ。

2. (A) 写っている商品から場所も明確な場合、「店にいる」という描写もあるよ。ほかにも、shoe store / footwear store（靴店）やbakery（パン屋）、grocery store（食料品店）なども覚えておこう。
(B) 動作に関する説明だね。dressの代わりにitem（商品）と抽象的な呼び方をする場合もあるよ。

3. (A) 場所を表す表現。passenger（乗客）は頻出。いる場所によって、人物の呼び方が変わることも多い。店にいればshopper（買い物客）だし、レストランにいればcustomer（客）やdiner（食事客）になるよ。もちろん、waiter（ウェイター）やwaitress（ウェイトレス）もあるけれど、server（給仕人）という呼び方も覚えておこう。
(B) 場所を表している。near（近くに）やnext to（隣に）など、位置関係を描写することも多いんだ。

力だめし！

出題形式に沿った問題だ。実践で力を発揮できるか、やってみよう！

CDを聞き、写真に合う文を選んでください。

□□ 1.

Ⓐ Ⓑ Ⓒ Ⓓ

□□ 2.

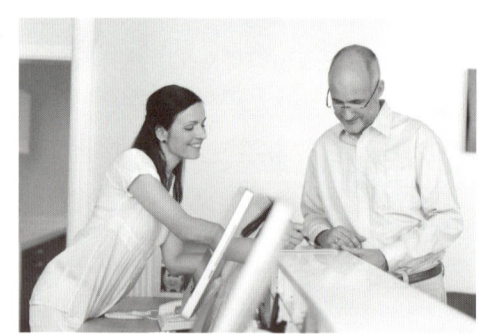

Ⓐ Ⓑ Ⓒ Ⓓ

☑□ 3.

Ⓐ Ⓑ Ⓒ Ⓓ

解答＋解説

1. [B] 難易度 ★☆☆ イギリス

(A) The boy is watering some flowers.（少年は花に水をやっている）
(B) The boy is washing a dish.（少年は皿を洗っている）
(C) The boy is eating with a fork.（少年はフォークで食べている）
(D) The boy is sitting at his desk.（少年は席に座っている）

解説 選択肢の主語はすべて The boy is…と流れてきたから、動詞以降をしっかり聞けばいい問題だね。動詞を聞いて「していない動作」だったらすぐに消去しよう。そのほかにも写っていないものが聞こえたら選ばないように！ (A)の flowers は写っていない。(B)の washing はしているし、dish を持っている。(C)は eating の時点で消去。(D)も sitting ではないし、desk もない。

2. [D] 難易度 ★★☆ オーストラリア

(A) The woman is typing at a keyboard.（女性がタイピングをしている）
(B) The man is carrying a bag.（男性がかばんを運んでいる）
(C) The woman is touching a monitor.（女性がモニターに触れている）
(D) The man is wearing glasses.（男性は眼鏡をかけている）

解説 カウンター越しの人たち。こういう写真はよく出る。女性と男性の動作が交互に言われているね。(A)は typing はしていないね。(B)は carrying という動作が違う。bag も持っていない。(C)は何かに touching しているけれど、モニターではない。(C)まで不正解だとわかれば自動的に(D)が正解だけど、念のため確認すると、wearing glasses は正しいね。

3. [C] 難易度 ★★☆ アメリカ

(A) People are watching a game.（人々が試合を見ている）
(B) People are waiting for a train.（人々が電車を待っている）
(C) People are standing outside.（人々が外に立っている）
(D) People are lying on the floor.（人々が床に横たわっている）

解説 人々の動作を正しく表しているものを特定しよう。(A)の watching a game は、見ている状態ではないね。(B)は駅には見えない。(C)の standing は正しいし、outside も正しいね。(D)の lying は「横たわっている」という意味なので、明らかにおかしいね。

Part 1 Listening

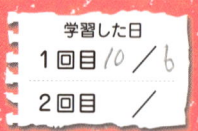

2日目 物の描写

学習した日
1回目 10/6
2回目 /

ポイント！ 物の描写ではその状態や位置関係が問われる

Part 1には人物が写っていない写真や人物が写っていても物が描写される写真も出てくる。あなたの周りの物を見てみよう。たとえば、「壁に時計がかかっている」のように状態が描写されたり、「建物の前に車が止まっている」のように位置関係が描写されることもあるよ。

サンプル問題　CD 05

では、問題に挑戦してみよう。

1. Ⓐ Ⓑ Ⓒ Ⓓ

人が写っていない写真の場合、PeopleやThe man/womanという単語が聞こえたらすぐに消去して大丈夫。物が中心の写真では、There is/are…（〜がある）という構文がよく出てくる。たとえば、上の写真だったら以下のようにも言える。

There are **some pencils in the penholder**.
（ペン立てにペンが数本入っている）

There isやThere areの部分は重要じゃない。重要なのはその後ろの「何があ

位置関係や状態を表す語句を覚えておこう！♪

るか」という対象物と、「どこにあるか」という位置関係だね。

では、先ほど聞いた英文を確認してみよう。〈発音は アメリカ 〉
(A) A **man** is writing in a notebook. (男性がノートに書いている)
　　　　×

人は写っていないから、すぐに消去できるね。

(B) There is a **glass** on the **shelf**. (グラスが棚にある)
　　　　　　　×　　　　　　　×

グラスも棚も写っていない。
ちなみに「眼鏡」という場合はglassesという複数形。

(C) There is an **eraser** **near the notebook**. (ノートの近くに消しゴムがある)
　　　　　　　　○　　　　○

消しゴムとノートの位置関係が正しい。

(D) Some **stationery** is displayed in a **store.** (文房具が店に陳列してある)
　　　　　○　　　　　　　　　　　×

文房具はあるけど店じゃないね。

物は位置関係と状態がポイント。
以下の表現を覚えておこう。

ここがポイントだよ

位置関係

near（〜の近くに）	close to（〜の近くに）	next to（〜の隣に）
by（〜のそばに）	above（〜の上に）	over（〜の上に）
under（〜の下に）	on（〜の上に、〜に接触して）	

状態

be hanging on the wall（壁にかかっている）
be leaning against the wall（壁によりかかっている）
be stacked（積み重なっている）
be lying on the floor（床に横たわっている）

✓Check!

様々なポイントに関する描写を聞き取るためのトレーニングだよ。

1 聞き取ろう

CD 06

それぞれの写真についての音声を聞いて、( )に入る語を書き出しましょう。

1.
(A) There is a ( ) ( ) the window.

(B) A picture is ( ) ( ) the wall.

2.
(A) Some ( ) are ( ) on the ( ).

(B) There are some ( ) ( ) ( ) ( ) the people.

3.
(A) A ( ) of the car is ( ).

(B) The car is ( ) of ( ).

解答+解説

1

1. (イギリス)

(A) There is a **sofa under** the window.（窓の下にソファがある）

(B) A picture is **hanging on** the wall.（絵が壁にかかっている）

2. (オーストラリア)

(A) Some **books** are **arranged** on the **shelves**.（本が本棚に並べてある）

(B) There are some **computers in front of** the people.（人々の前にコンピュータがある）

3. (アメリカ)

(A) A **door** of the car is **open**.（車のドアが空いている）

(B) The car is **full** of **luggage**.（車は荷物でいっぱいである）

アドバイス

1

1. (A) underは下のこと。ソファと窓の関係をThere is a window above the sofa.（ソファの上に窓がある）とも言えるよ。

   (B) 絵やカレンダーが壁にかかっている状態をhanging on the wallと覚えておこう。ソファの前にあるラグは、A rug is lying on the floor.（ラグがフロアに敷かれている）と言えるね。

2. (A) 並べてある状態はarrangedと言うよ。shelvesはshelfの複数形だね。

   (B) 本棚と人々の位置を表すと、There is a bookshelf behind the people.（人々の後ろに本棚がある）と言えるよ。

3. (A) 車はよく登場する。ドアが閉まっている場合は、A door of the car is closed.だね。

   (B) やや複雑な表現が描写されることもある。このような表現は難易度が高くなるから、学習するときには正解だけでなく、不正解の選択肢にある知らない表現もしっかりと学んでおこう。

力だめし！

出題形式に沿った問題だ。実践で力を発揮できるか、やってみよう！

CDを聞き、写真に合う文を選んでください。

□□ 1.

Ⓐ Ⓑ Ⓒ Ⓓ

□□ 2.

Ⓐ Ⓑ Ⓒ Ⓓ

□□ 3.

Ⓐ Ⓑ Ⓒ Ⓓ

解答＋解説

1. [A] 難易度 ★★ イギリス

(A) There are some leaves on the ground.
（地面に葉っぱがある）
(B) Trees are surrounded by some benches.
（木々がベンチを取り囲んでいる）
(C) People are spending time in a park.
（人々が公園で時を過ごしている）
(D) There is a path alongside the trees.
（木々に沿って小道がある）

解説 寂しげな写真で、木と葉っぱしかないね。(A)は葉っぱと地面の関係を正しく描写しているため正解。何とも味気ない描写だけど、それがTOEIC Bridgeだ。(B)は benches が写っていないため消去。(C)の People はいないね。(D)の path は「小道」のこと。木に沿って小道があるわけではないためこれも不正解だ。やや難しい単語も入っているけれど、正解できたかな？

2. [C] 難易度 ★★ オーストラリア

(A) Chairs are stacked near the window.
（椅子が窓のそばに積み重なっている）
(B) A lamp is placed on the desk.
（ランプが机の上に置かれている）
(C) A sweater is hanging on the chair.
（セーターが椅子にかかっている）
(D) There is a monitor next to the printer.
（モニターがプリンターの隣にある）

解説 オフィスによくある光景だよ。セーター、椅子、机、パソコンなどが描写されそうだ。(A)は stacked（積み重なっている）という状態が異なっているため不正解。(B)の lamp（ランプ）も見えないね。(C)の sweater（セーター）は発音が日本語とは違うけれど聞き取れたかな？　椅子にかかっているという状態も正しいので正解。(D)の monitor（モニター）は見えるけれど、printer（プリンター）らしきものが見えない。「椅子の陰にあるのかも……」なんて推測は不要だよ。見えないものは不正解だ！

3. [A] 難易度 ★★★ アメリカ

(A) Some fruit is displayed outside.
(果物が外で陳列されている)

(B) Some boxes are placed on the ground.
(箱が地面に置かれている)

(C) People are picking fruit from a tree.
(人々が木から果物をとっている)

(D) A store is closed for the day.
(店は閉まっている)

解説 外国によくありそうな裏路地の商店。目立つのは山盛りのフルーツだね。(A)のdisplayed（陳列されている）、outside（外で）は状態も場所も正しいため正解。(B)のboxesはあるものの、on the groundではないね。場所が違っているため不正解。(C)のPeopleは写っているけれど、木からフルーツをとっているわけではないため不正解。そして、(D)のstoreはあるけど、まだ開いているよね。よって、closed（閉まっている）の部分が不正解。

Part 2
リスニング
応答問題

Part別学習法

3日目 WH疑問文

4日目 Yes/No疑問文＆選択疑問文

5日目 依頼・提案

6日目 報告・確認

Part別学習法

出題スタイル、傾向は？

応答問題では、1つの質問と3つの応答音声が流れてくる。その中から、応答として適切なものを1つ選ぼう。問題冊子には何も印刷されていないため、耳だけが頼りのパートで、純粋なリスニング力が問われている。質問のポイントを聞き取ることで、応答に備えよう。直接的に答えているものだけでなく、ややひねった応答もあるので気をつけよう。

CD 08

〈発音は アメリカ 〉

What time did you get up this morning?　　時間を聞いているのかな。

〈発音は オーストラリア 〉

(A) No, I didn't get it.
(B) At around 7:00.　　時間を答えている(B)だ！
(C) I didn't have time.

WH疑問文は、質問のポイント（ここでは時間）を聞き取れれば多くの場合、正解できる。

〈発音は アメリカ 〉

Have you been to Okinawa?　　沖縄に行ったことあるかどうか、か。

〈発音は イギリス 〉

(A) That's a great idea.
(B) Isn't it Kyoto?　　去年行ったってことかな。(C)！
(C) Yes, last year.

Yes/No疑問文は、質問の意味がわからないと解けないため、少しレベルが上がる。

Part 2 | 応答問題 | 20問

攻略のポイント、学習の仕方は？

生徒：やっぱり英語って速いなぁ……。

Jay：まずはWH疑問文の聞き取りに注意しよう。Whereと聞こえれば、正解は場所に関するものだし、Whenと聞こえれば「いつ」という時に関するものだよね。How manyだったら数だし、Whoだったら人の名前を待てばいいよ。

生徒：そんなんでいいんですか？

Jay：まずはここからスタートでいいよ。

> **攻略ポイント：WH疑問詞をしっかり聞き取って、答えを待とう**

生徒：何度聞いても聞き取れないときは、どうしたらいいでしょう？ 解説の英文を見たら意味がわかるんですよ。そんな自分に腹が立つんです。プンプンっ。

Jay：読めばわかるってことは、知識はあるってことだよね。それは素晴らしいことだよ。でも、聞いたらわからないというのは、やっぱり文字と音が結びついていないってことだよね。この知識とリスニングスキルのギャップはほとんどの人が持っているんだ。そして、このギャップがあるのは、とってもモッタイナイ。だって、すでに理解できるはずの能力は持っているんだから。

Part 2も問題を解いたあとで、英文すべてをしっかり声を出してリピートするといいよ。そのときは、徹底的にモノマネしよう。うまく言えるようになったら、自然と聞き取れるようになってくるよ。ちなみに、モノマネがうまい人は、上達が早いんだ。

生徒：マネなら得意です！ やってみます！

> **学習ポイント：英文を、モノマネして言ってみよう**

Part 2 Listening

3日目 WH疑問文

学習した日
1回目 10/6
2回目 /

「WH疑問文」って覚えているかな？

「When（いつ）」「Where（どこ）」「Who（だれ）」「Whose（だれの）」「What（何）」「Why（なぜ）」「How（どうやって）」「How many（どのくらいの数）」など、先頭にwh-やhowが使われる疑問文のことなんだ。基本となるからしっかり学習しよう！

サンプル問題　CD 09

まずは、Part 2の問題を見てみよう。
1. Mark your answer on your answer sheet.　Ⓐ Ⓑ Ⓒ
2. Mark your answer on your answer sheet.　Ⓐ Ⓑ Ⓒ

WH疑問文を聞き取るポイントは先頭だ。先頭を聞き逃したら、どうやっても解けなくなってしまうから、今日はいつもの「倍の集中力」で学習しよう。

(　　　) did you buy your jacket? という質問が聞こえたとしても、(　　　) を聞き取れないと答えが選べないんだ。「ジャケットを買ったこと」に関する質問は、疑問詞によってこんなにあるんだ。

1. **When** did you buy your jacket?（いつ）
2. **Where** did you buy your jacket?（どこで）
3. **How** did you buy your jacket?（どうやって）
4. **Why** did you buy your jacket?（なぜ）

人は最初の印象が大事なように、WH疑問文も最初の単語が大事なんだ。

WH疑問文の問題に対するポイントは、先頭の言葉を聞き逃さないこと！

では、1問目を確認してみよう。〈発音は アメリカ イギリス 〉
Where did you buy your jacket? （ジャケット、どこで買ったの？）

正解になるのは、「ジャケットを買った場所」だね。
(A) I bought it last week.（先週買った）
(B) **At the new shop near the station.（駅の近くの新しい店で）** ◀ 正解
(C) Yes, it's very warm.（はい、とても暖かいよ）

(A)のlast weekは「いつ買ったのか」、つまりWhenに対する応答だから不正解。「どこ行くの？」「今でしょ！」じゃ、おかしいね。(B)の「駅近くの新しい店」は、まさに「場所」だね。そして、(C)は「とても暖かい」。この人は着心地を伝えたいのかな。でも、必要な情報は「場所」だから、違うよね。そもそも、「どこで」と聞いているのに、Yes（はい、そのとおり！）なんて答えはおかしい。WH疑問文に対して、Yes/Noで答えるのはルール違反だから、絶対に選んじゃダメだよ。

では、2問目。〈発音は アメリカ オーストラリア 〉
Why were you **late** for class this morning?
（今朝なぜ授業に遅刻してきたの？）

WhyとWhatは、先頭だけ聞けても答えられないんだ。「なんで？」とか「なに？」だけではどんな情報が来るかわからないからね。late（遅れる）まで聞けると、「遅刻の理由」を聞かれているとわかる。

応答はこんなことを言っていたよ。
(A) It was 7:00.（7時だった）
(B) Math and science.（数学と科学だ）
(C) **I was very sick.（とても具合が悪かった）** ◀ 正解

> WH疑問文はポイントがつかめれば解ける問題が多いよ

(A)の7時は何を指してるかわからない。質問で聞き取れたのがmorningだけだったら、これを選んでしまうかもしれないけど、ハズレだ。(B)は好きな教科を答えたのかな。理系の学生かな。ただ、遅刻とは関係ない。(C)はsick、つまり病気だったんだ。ただの言い訳かもしれないけど、遅刻した理由としてはふさわしい。

✓Check!

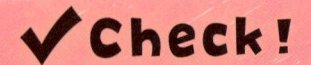

WH疑問文の聞き分けをマスターするためのトレーニングだよ。

1 聞き分けよう

1～3、4～6の質問文を聞いて、聞き取った疑問詞を（　　）に書きましょう。次に、応答として適切なものを(A)～(C)から選んで、[　]に記号を書いてください。

1. (　　　) [　]　2. (　　　) [　]　3. (　　　) [　]

(A) I bought a music CD.
(B) I think John did.
(C) It's Maria's.

4. (　　　) [　]　5. (　　　) [　]　6. (　　　) [　]

(A) The right one.
(B) To ask for some advice.
(C) Next Saturday.

2 Howで始まる疑問文をやっつけよう！

まず、太字になっているHow + αを含む疑問文を読み、How + αの意味を（　　）に書きましょう。次に、CDで応答文(A)～(D)を聞いて、応答として適切なものを[　]に記入しましょう。

1. **How much** does this jacket cost?　　　　　[　]
　（意味　　　　　　　　　）
2. **How many people** are there in your department?　[　]
　（意味　　　　　　　　　）
3. **How often** do you do some exercises?　　　[　]
　（意味　　　　　　　　　）
4. **How long** does it take from your house to the office?　[　]
　（意味　　　　　　　　　）

WH疑問文の問題でYes/Noが聞こえたら、その選択肢は不正解。♪

解答＋解説

1 (英文は質問文) (アメリカ)

1. Who attended the meeting this morning?（今朝の会議にだれが出席しましたか）
(**Who**：だれ) [**B**]

2. What did you order through the Internet?（インターネットで何を注文しましたか）
(**What**：何を) [**A**]

3. Whose folder is this?（これはだれのフォルダですか）
(**Whose**：だれの) [**C**]

(A) 私は音楽CDを買いました。
(B) ジョンだと思います。
(C) マリアのです。

(イギリス)

4. Which bag is yours?（どちらのバッグがあなたのですか）(**Which bag**：どちらのバッグか) [**A**]

5. When are you returning from your trip?（いつ旅行から戻るのですか）(**When**：いつ) [**C**]

6. Why did you see your manager?（なぜマネジャーに会ったのですか）
(**Why**：マネジャーに会った理由) [**B**]
(A) 右のです。
(B) 助言を求めるためです。
(C) 次の土曜日です。

2 (英文は応答文) (オーストラリア)

1. このジャケットは**いくら**かかりますか。
[**B**] 80 dollars.（80ドル）

2. あなたの部署には**何人**いますか。
[**A**] About 40 people.（約40人）

3. **どのくらいの頻度で**運動をしますか。
[**D**] Once a week.（週1回）

4. 家からオフィスまで**どのくらいの時間**がかかりますか。
[**C**] About 30 minutes.（約30分）

アドバイス

1

1. 「だれ」に対する応答は(B)。(C)はWhose（だれの）への応答。

2. 「何を注文したか」という意味まで理解する必要がある。注文した内容を答えているのは、(A)。

3. 「だれの」に応じているのは(C)。WhoseとWho's(=is)の聞き分けは難しいため、意味で判断したい。

4. 「どちらのバッグか」を答えているのは(A)。The right oneとは、The right bag（右にあるバッグ）の意味。

5. 「いつ」を答えているのは(C)。

6. 「マネジャーに会った理由」という細かい理解が必要。「〜するため」と理由を答えているのは(B)。

力だめし！

出題形式に沿った問題だ。実践で力を発揮できるか、やってみよう！

CDを聞き、適切な応答を選んでください。 CD 12

☐☐ 1. Mark your answer on your answer sheet.　Ⓐ Ⓑ Ⓒ

☐☐ 2. Mark your answer on your answer sheet.　Ⓐ Ⓑ Ⓒ

☐☐ 3. Mark your answer on your answer sheet.　Ⓐ Ⓑ Ⓒ

☐☐ 4. Mark your answer on your answer sheet.　Ⓐ Ⓑ Ⓒ

☐☐ 5. Mark your answer on your answer sheet.　Ⓐ Ⓑ Ⓒ

解答 ➕ 解説

1. [C] 難易度 ★★★　アメリカ　イギリス

When are you planning to visit Japan?
（いつ日本を訪問する予定ですか）
(A) Yes, it's a nice place.　（はい、いい場所です）
(B) To Kyoto and Nara.　（京都と奈良へです）
(C) Next month.　（来月です）

解説 When（いつ）がポイント。いつの予定かを答えているのは(C)。WHに対してYes/Noは絶対に正解にならない。(B)はWhere（どこ）への応答。

2. [A] 難易度 ★★★　アメリカ　オーストラリア

Who wrote this memo on the board?
（掲示板のこのメモはだれが書いたのですか）
(A) Wasn't it Jack?　（ジャックではないですか）
(B) Put it at the corner.　（角に置いてください）
(C) Turn off the radio, please.　（ラジオを消してください）

解説 Who（だれ）がポイント。人の名前は(A)にしかない。(B)はWhere（どこ）への応答。(C)のラジオは全く無関係。

38

3. [B] 難易度 ★★☆ アメリカ イギリス

How often do you watch movies?
(どのくらいの頻度で映画を見ますか)
(A) By renting DVDs. （DVDを借りることによってです）
(B) Twice a month. （月に2回です）
(C) About two hours. （約2時間です）

解説 How oftenは「頻度」を問うもの。頻度を答えているのは(B)。(A)はHow（どうやって）への応答のため、正解にはならない。(C)は時間の長さのため、How longへの応答。

4. [C] 難易度 ★★☆ アメリカ オーストラリア

Why did you change your weekend plan?
(なぜ週末の計画を変えたのですか)
(A) I went to the museum. （美術館へ行きました）
(B) On Saturday. （土曜日です）
(C) I had to work. （働かなくてはなりませんでした）

解説 Whyは質問の意味も理解する必要がある。「予定を変更した理由」がポイント。正解は(C)。必ずしもBecauseが使われるわけではない。

5. [B] 難易度 ★★☆ アメリカ イギリス

What do you like to do in your free time?
(自由時間には何をするのが好きですか)
(A) I like it, too. （私も好きです）
(B) I usually go shopping with my friends. （たいてい友達と買い物に行きます）
(C) It'll be 20 dollars. （20ドルです）

解説 WhatもWhyと同様に意味の理解が必要だ。「何をするのが好きか」に対して、普段行っていること（買物）を答えている(B)が正解。

2016/10/6.   10:06.

Part 2 Listening

4日目 Yes/No疑問文 & 選択疑問文

学習した日　1回目 10/8　2回目 /

ポイント！「Yes/No疑問文」は難易度が高い?!

Yes/No疑問文は、質問の内容がわからないと解けないから、やや難易度が高くなるよ。選択疑問文は、A or Bという選択をさせる質問なんだ。何を選択させるかを聞き取らないと応答を選びようがないという意味では、やっぱり内容の聞きとりがポイントになるね。

サンプル問題　CD 13

まずは、Yes/No疑問文の問題を解いてみよう。
1.　Ⓐ Ⓑ Ⓒ
2.　Ⓐ Ⓑ Ⓒ

Yes/No疑問文を攻略するポイントは、「主語＋動詞＋α」だ。WH疑問文のように先頭だけ聞けても答えられない。冒頭でわかるのはDid you…?やWere you…?のように時制と主語だけ。

Did you…?という過去形の疑問文にI am～と答えていたり、Were you…?とyouを主語にした疑問文にhe was～と答えるような選択肢はアウト。
本当の聞き取りのポイントはそのあとに続く内容だ。特に動詞を聞きもらさないよう注意しよう。

選択疑問文の場合は、選択させる2つの内容がポイントだ。たとえば、Should we send the document by e-mail or by fax?という質問の場合、ポイントは「e-mailかfaxか」という選択だね。基本的には、どちらかを選んでいる応答が正解になるよ。ただ、「どちらでもいい」とか「どちらもいらない」という応答も正

解になりうるから、コミュニケーションが成り立つものを選べるようにしたいね。
では、1問目を確認してみよう。〈発音は イギリス オーストラリア 〉
Did you **go to the library** yesterday?（昨日図書館に行きましたか）

「図書館に行ったかどうか」がポイントだよ。
(A) Yes, it was an interesting book.（はい、おもしろい本でした）
(B) It's open from 9:00 to 7:00.（9時から7時まで開いています）
(C) **No, I didn't have time.（いいえ、時間がありませんでした）** ← 正解

(A)はYesと答えているね。でも、これだけでは正解かどうかわからないよ。続く内容がポイントなんだ。図書館と本はつながりがあるけど、「それは面白い本でした」では図書館に行ったかどうかの応答にはならないね。(B)は図書館の開館時間だけど、これも「行ったかどうか」の応答としてはおかしい。(C)のNoは「行かなかった」という意味だね。続く内容は、「時間がなかった」と行かなかった理由が続いている。これが正解だね。Yes/No疑問文はこんな感じで、質問の意味だけじゃなく、応答が質問にマッチするかまで理解しないと解けないんだ。だから、消去法もうまく使おう。

では、2問目。〈発音は イギリス アメリカ 〉
Should we have a meeting **tomorrow morning** or **afternoon**?
（会議は明日の午前中にしますか、それとも午後にしますか）

orでつながれている選択疑問文だね。選択の対象は、「tomorrow morningかafternoonか」だ。どちらかを選ぶか、どちらでもいいというか、聞き取れたかな。

(A) About the new project.（新しいプロジェクトについてです）
(B) **Earlier is better.（早いほうがいいです）** ← 正解
(C) Every Wednesday.（毎週水曜日です）

(A)は会議の内容を答えているから応答にならないね。(B)はどちらかはっきりは答えていないけど、「早いほうがよい」ということは、つまり午前中を選んでいるよ。メンドくさいことを後回しにしないタイプなんだね。(C)は「いつにするか」っぽいけど、曜日を聞いているわけじゃないから応答としてはズレるよ。

✓ Check!

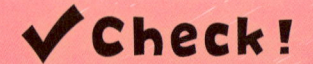

Yes/No疑問文・選択疑問文をマスターするためのトレーニングだよ。

1 書き取ろう　CD 14

1～3（Yes/No疑問文）、4～6（選択疑問文）の質問を聞いて空欄を埋めてください。また、応答として適切なものを(A)～(H)から1つ選んで、[　]に記号を書いてください。

1. Do you (　　　　)(　　　　　　)? — [　　]

2. Isn't it (　　　　) to (　　　　) this (　　　　　)? — [　　]

3. (　　　　)(　　　　　)(　　　　　) the (　　　　) to the (　　　　) now? — [　　]

(A) There's a manual here.　　(B) No, we need to correct some errors.
(C) Yes, I like mystery novels.　(D) I'll use mine, thank you.

4. Would you (　　　)(　　　)(　　　) or (　　　)? — [　　]

5. Do you (　　)(　　　)(　　　　)(　　　　) for (　　　), or are you (　　　)(　　　　)? — [　　]

6. Is it (　　　)(　　　　) or has the (　　　)(　　　　)? — [　　]

(E) Where are you going?　　(F) Neither, thanks.
(G) I'll do it later.　　　　　(H) Sorry, but I'm not sure.

42

解答＋解説

1

(イギリス)

1. Do you **like reading**?
（読書は好き？） 応答[**C**]

2. Isn't it **difficult** to **use** this **machine**?（この機械を使うのは難しくない？） 応答[**A**]

3. **Should we send** the **document** to the **clients** now?
（今、顧客に書類を送る方がいいですか） 応答[**B**]

(A) ここにマニュアルがあります。
(B) いいえ、間違いを直す必要があります。
(C) はい、ミステリーが好きです。
(D) 自分のを使います、ありがとう。

(オーストラリア)

4. Would you **like some coffee** or **tea**?
（コーヒーか紅茶はいかが？）応答[**F**]

5. Do you **want to go out** for **lunch**, or are you **busy now**?（昼食に行く？ それとも今、忙しい？）
応答[**E**]

6. Is it **raining outside** or has the **rain stopped**?（雨が降っている？ それとも止んだ？）応答[**H**]

(E) どこへ行くの？
(F) どちらもいらない、ありがとう。
(G) あとでやります。
(H) すみません、よくわかりません。

アドバイス

1

1. 「読むことが好き＝読書が好き」かどうかの質問。好きな分野を答えている(C)が適切。

2. 「機械の使い方」に関する質問。Isn't it difficult to…?（～は難しくないですか）の答え方は、Is it difficult to…?（～は難しいですか）と同じだから、混乱しないように！「難しい」とうろたえているところに、マニュアルがあることを教えている(A)が適切。

3. 「書類を送る」がポイント。資料に対して「間違いを直す必要がある」と答えている(B)が適切。なお、(D)の「自分のものを使います」は、どの質問にも対応しない。

4. 「コーヒーか紅茶を飲むか」の選択に対して、「両方いらない」とつれない返事をしている(F)が適切。「どっちでもいいよ」という場合は、Either is fine. のように使うことも覚えておこう。

5. 「お昼に行くか忙しい（＝行けない）か」の選択に対して、「どこに行くの?」と質問で返している(E)が適切。行く場所によって「忙しい」と断るにしても、コミュニケーションとして成り立つね。

6. 「雨が降っているか止んだか」という選択。「わからない」と答えている(H)が適切。(G)の「あとでやります」は、どの質問にも対応しない。

力だめし！

出題形式に沿った問題だ。実践で力を発揮できるか、やってみよう！

CDを聞き、適切な応答を選んでください。

□□ 1. Mark your answer on your answer sheet.　Ⓐ Ⓑ Ⓒ

□□ 2. Mark your answer on your answer sheet.　Ⓐ Ⓑ Ⓒ

□□ 3. Mark your answer on your answer sheet.　Ⓐ Ⓑ Ⓒ

□□ 4. Mark your answer on your answer sheet.　Ⓐ Ⓑ Ⓒ

□□ 5. Mark your answer on your answer sheet.　Ⓐ Ⓑ Ⓒ

解答＋解説

1. [B] 難易度 ★★★ イギリス アメリカ

Do you **like travelling**?（旅行をすることは好きですか）
(A) I already solved it.（すでに解決しました）
(B) Yes, I often go on trips.（はい、よく旅行をします）
(C) I don't like spicy food.（辛い食べ物は好きではありません）

解説「旅行が好きかどうか」という意味をつかめたかな？ (A)のsolveは「解決する」という意味で、travel（旅行）とtrouble（問題）を聞き間違えたら選んでしまうかも。(B)のYesは「旅行が好き」ということ。続く内容も旅行関係のため、これが正解。(C)の辛い食べ物は全く無関係だから消去しやすかったはず！

2. [C] 難易度 ★★ イギリス オーストラリア

Have you **finished your work**?（仕事は終わりましたか）
(A) No, I didn't find it.（いいえ、見つかりませんでした）
(B) I usually work for eight hours.（たいてい8時間働きます）
(C) No, but it'll be done by 5 : 00.（いいえ、でも5時までには終わります）

解説「仕事が終わったかどうか」に対して、(A)は「いいえ」と答えているが、そのあとは無関係の応答。(B)は仕事に関する応答ではあるが、終わったかどうかは関係ない。

(C)は「いつ終わるか」を伝えており適切。Yes/Noという単語だけで選ばないように！

3. [A] 難易度 ★★★ イギリス アメリカ

Weren't you going to **leave the office early** today?
（今日は早くオフィスを出るのではなかったですか）
(A) Yes, but I canceled the appointment. （はい、でも予約をキャンセルしました）
(B) No, he didn't. （いいえ、彼はしませんでした）
(C) I didn't leave the message. （伝言を残していません）

解説 Weren't you…?という否定文に戸惑わないように！ 重要なのはそのあとの内容だ。「早く帰る」ことを確認しているのに対して、「なぜ早く帰らなかったか」を伝えている(A)が正解。(B)のように答えるのであれば、主語を自分にしてNo, I wasn't. （いいえ、違います）でなければダメ。(C)の伝言は質問とは関係ない。

4. [C] 難易度 ★★★ イギリス オーストラリア

Do you know **how to use** this camera? （このカメラの使い方を知っていますか）
(A) It was about 100 dollars. （約100ドルでした）
(B) I don't have the photo. （写真を持っていません）
(C) No, but Jack should know. （いいえ、でもジャックなら知っているはずです）

解説 Do you know how to…?で「〜の方法を知っていますか」という意味。(A)の金額や、(B)の写真はカメラと関連しているものの使い方とは関係ない。「自分は知らないけれど、ジャックなら知っているはず」と伝えている(C)が正解。

5. [B] 難易度 ★★☆ イギリス アメリカ

Do you **have time** now, or are you **busy**?
（今時間はありますか、それとも忙しいですか）
(A) I already ate lunch. （もうランチを食べました）
(B) I have some time. （少し時間があります）
(C) No, you have to hurry. （いいえ、あなたは急がなくてはいけません）

解説 選択疑問文だね。「時間があるか忙しい（＝時間がない）か」の選択。「時間がある」と答えている(B)が正解。(C)の「あなたは急がなきゃいけない」は応答になっていない。

Part 2 Listening

5日目 依頼・提案

学習した日
1回目 10/8
2回目 /

ポイント！「依頼・提案」は表現が決まっている！

日本語でも「〜していただけますか」「〜はいかがですか」など、依頼や提案には決まった表現があるね。実は、英語も一緒なんだ。英語の場合は、冒頭で依頼（Could you…? / Would you mind…? など）や提案（Why don't you…? / Why don't we…?）などがわかるため、さらに便利だよ。応答にも決まり文句が多いのが特徴だ。確実に攻略してしまおう！

サンプル問題　CD 16

まずは、依頼・提案の問題を解いてみよう。
1. Mark your answer on your answer sheet.　Ⓐ Ⓑ Ⓒ
2. Mark your answer on your answer sheet.　Ⓐ Ⓑ Ⓒ

依頼・提案を攻略するポイントは、「冒頭」だ。WH疑問文のように先頭だけ聞ければ答えられるものも多い。ただ、できればYes/No疑問文と同じように動詞＋αまで聞けるように意識しよう。そうすれば、ひねった応答にも対応できるよ。

Could you…? と聞こえたら、これは依頼だ。さらに応答にSure.（もちろん）とあれば、これだけで正解なんだ。簡単でしょ？まあ、こういう簡単な問題ばかりじゃないけどね……。
Could you…? という疑問文に対しても、正解がJust press the button.（ボタンを押すだけです）なんてこともある。この場合は、Could you tell me how to use the photocopier?（コピー機の使い方を教えていただけませんか）という依頼に対して、「コピー機の使い方」が応答となっているんだ。

依頼と提案は、質問と応答ともに表現が決まっているものが多い。♪

5日目 依頼・提案 ポイント！

では、1問目を確認してみよう。〈発音は オーストラリア イギリス 〉
Could you close the door? （ドアを閉めていただけますか）
「ドアを閉めてほしい」という依頼だね。

　(A) It's in the front.（前にある）
　(B) **Sure, I'll do it now.（もちろん、今やります）** ← 正解
　(C) The store closes at 8:00.（店は8時に閉まる）

(A)はドアの場所を伝えているだけで、応答には変だね。(B)は Sure.（もちろん）という受け入れる場合の決まり文句で応じているから正解だ。(C)の店は関係ない。質問にある close という単語が応答でも使われているけど、内容は関係ない。こういう場合もあるから、気をつけて。ちなみに、頻出の依頼表現は次の2つだ。

● **Could you…?** （〜していただけますか）
応答には Sure. がよく使われるよ。

● **Would you mind…?** （〜していただけませんか）
mind は「嫌だ」という意味だから、してあげるときは No で答えるよ。

では、2問目。〈発音は オーストラリア アメリカ 〉
Why don't we have a party this weekend? （今週末にパーティーを開きませんか）
Why don't we…? は「〜にしませんか」というお誘いだね。「パーティーを開く」という意味も取れたらバッチリだ。

　(A) Yes, I really enjoyed it.（ええ、本当に楽しかった）
　(B) More than 20 people.（20人以上だ）
　(C) **Great. Let's invite some friends.（すばらしい。友達を誘おう）** ← 正解

(A)は何となくよさそうだけど、「今週末のお誘い」に対して過去のことを答えているからダメだね。(B)はパーティーの人数っぽいけど、お誘いの応答にはならないよ。(C)はお誘いを受け入れたうえで、「友達を誘おう」と提案を返しているね。これが正解。では、提案の表現を3つ確認しておこう。

● **Why don't you…?** （〜したらいかがですか）
you だから、相手にその行動をうながしているよ。

● **Why don't we…?** （(一緒に) 〜しませんか）
we だから、私たち一緒に、というお誘いだね。

● **Would you like…?** （〜はいかがですか）
like のあとには tea（紅茶）とか、to read a book（本を読むこと）などが来る。

✓Check!

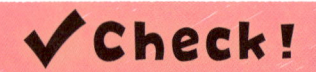

依頼・提案表現をマスターするためのトレーニングだよ。

1 書き取ろう CD 17

1～2（依頼表現）、3～5（提案表現）の質問を聞いて空欄を埋めてください。また、(A)と(B)の応答のうち、適切なものに○をつけてください。両方○の場合もあります。

1. (　　　) (　　　) (　　　) (　　　) your student card?
   [　] (A)
   [　] (B)

2. (　　　) (　　　) (　　　) (　　　) the (　　　)?
   [　] (A)
   [　] (B)

3. (　　　) (　　　) (　　　) (　　　) a (　　　) tonight?
   [　] (A)
   [　] (B)

4. (　　　) (　　　) (　　　) (　　　) (　　　) for lunch?
   [　] (A)
   [　] (B)

5. (　　　) (　　　) (　　　) (　　　) (　　　)?
   [　] (A)
   [　] (B)

解答＋解説

1

質問 (オーストラリア)
応答 (イギリス) (アメリカ)

1. **Could you show me** your student card?
（学生証を見せていただけますか）
(A) ○ Sure, here you are.
（もちろん、はいどうぞ）
(B) ✗ Yes, I'm a university student.
（はい、私は大学生です）

2. **Would you mind opening** the **window**?（窓を開けていただけませんか）
(A) ○ No problem.
（問題ありません）
(B) ○ Not at all.（もちろんです）

3. **Why don't we see** a **movie** tonight?（今夜映画を見ませんか）
(A) ○ Sorry, but I'm busy.
（すみませんが、忙しいです）
(B) ✗ Yes, it was interesting.（はい、面白かったです）

4. **Why don't you join us** for lunch?（私たちと一緒にランチへ行きませんか）
(A) ○ Thanks, but I already had lunch.
（ありがとう、でももう食べました）
(B) ○ I'd love to.（ぜひ）

5. **Would you like some coffee**?
（コーヒーはいかがですか）
(A) ○ No, thanks.
（いいえ、結構です）
(B) ✗ How many copies do you need?（何枚のコピーが必要ですか）

アドバイス

1

1. 「学生証を見せて」に対して応じているのは(A)のみ。

2. 「窓を開けてください」に対して、両方とも受け入れているね。mindは「嫌だ」という意味だから、「全然嫌じゃないよ」というときはNoで応じるんだったね。

3. 「一緒に映画にいこう」というお誘いだね。デートのときも使えるよ。(A)は断りの決まり文句。フラれちゃったみたいだね。(B)は映画関係だけど、映画の感想を聞いているわけじゃないからね。

4. 今度は「ランチへのお誘い」だ。お礼を言いながらも断らなきゃいけない理由を伝える(A)は適切だね。そして、(B)は受け入れる決まり文句だからこれも適切。

5. ウェイターやウェイトレスがよく言う表現だね。「ご一緒にポテトはいかがですか」みたいな使い方だ。断っている(A)は適切な応答。coffeeをcopyと聞き間違えると(B)を選んでしまうかもしれない。気をつけよう！

力だめし！

出題形式に沿った問題だ。実践で力を発揮できるか、やってみよう！

CDを聞き、適切な応答を選んでください。

□□ **1.** Mark your answer on your answer sheet. Ⓐ Ⓑ Ⓒ

□□ **2.** Mark your answer on your answer sheet. Ⓐ Ⓑ Ⓒ

☑□ **3.** Mark your answer on your answer sheet. Ⓐ Ⓑ Ⓒ

□□ **4.** Mark your answer on your answer sheet. Ⓐ Ⓑ Ⓒ

☑□ **5.** Mark your answer on your answer sheet. Ⓐ Ⓑ Ⓒ

解答＋解説

1. [B] 難易度 ★☆☆ オーストラリア アメリカ

Could you bring me the file?（ファイルを持ってきていただけませんか）
(A) The phone is out of order.（電話は故障中です）
(B) OK, but please wait for a moment.（はい、でも少しお待ちください）
(C) Yes, I found it.（はい、それを見つけました）

解説「ファイルを持ってきてほしい」という依頼に対して、応じているのは(B)だね。(C)も一瞬迷うかもしれないけど、答えとしては少しズレているね。

2. [A] 難易度 ★★☆ オーストラリア イギリス

Would you mind making a hotel reservation for me?
（ホテルの予約を取っていただけませんか）
(A) Not at all.（いいですよ）
(B) It's located near the airport.（それは空港の近くにあります）
(C) I already canceled it.（すでにキャンセルしました）

解説 予約をお願いしているのに対して、親切に受け入れてくれた(A)が正解だ。Would you mind…？とNot at all.はペアで覚えておこう。(B)の場所は予約と関

係ないし、(C)は予約のお願いに対して「キャンセルした」なんて言っていて変だね。

3. [B] 難易度 ★★★ オーストラリア アメリカ

Why don't we order new pens? （新しいペンを注文しませんか）
(A) Because I left mine at home. （私のものを家に置き忘れたからです）
(B) Let's do that tomorrow. （明日やりましょう）
(C) Aren't they old? （古くないですか）

解説 ペンの注文を提案しているね。Why don't we～?は「なぜ？」と聞く文ではないから、Because～.はヘンだね。(B)は提案を受け入れているから正解。(C)はnewに対して、oldで返しているけど、応答になっていないよね。

4. [C] 難易度 ★★ オーストラリア イギリス

Would you like to read today's newspaper? （今日の新聞を読みますか）
(A) It costs 30 dollars per month. （ひと月30ドルかかります）
(B) In the cabinet. （棚の中です）
(C) Thanks, but I already read it. （ありがとう、でももう読みました）

解説 「新聞を読みますか」という提案だとわかったかな。(A)は月々の新聞代だから無関係。(B)は新聞の場所だよね。そして、(C)がせっかくの提案だけど断る理由を伝えている。

5. [A] 難易度 ★★★ オーストラリア アメリカ

Why don't you take a break? （休憩したらいかがですか）
(A) I'll finish this document first. （この資料を先に終わらせます）
(B) Because we have to repair it. （修理しなければいけないからです）
(C) He'll be back soon. （彼はもうすぐ戻ります）

解説 (A)は「休憩の前に資料を終わらせる」ってことだ。あんまり頑張りすぎないほうがいいかもしれないけど、これが正解。(B)のrepair（修理する）はbreak（休憩）を「壊す」だと思った人が選んでしまう選択肢だね。(C)はWhy don't youをHow longと聞き間違えると休憩時間を答えてしまうかもね。

Part 2 Listening

6日目 報告・確認

学習した日
1回目 11/10
2回目　　／

ポイント！「Yes/No疑問文」の応用編

4日目に学習したYes/No疑問文は内容の理解がポイントだったね。質問だけでなく、応答も理解しなければ解けなかった。今日学習する「報告」「確認」も基本は同じ。でも、大丈夫。聞き方のコツがわかれば、内容は難しくないからね。

サンプル問題　CD 19

まずは、報告・確認の問題を解いてみよう。
1. Mark your answer on your answer sheet.　Ⓐ Ⓑ Ⓒ
2. Mark your answer on your answer sheet.　Ⓐ Ⓑ Ⓒ

Yes/No疑問文と同様に、報告・確認を攻略するポイントは、「主語＋動詞＋α」だ。ただし、Yes/No疑問文のようにDid you…?やWere you…?では始まらない。報告の場合はI have finished my homework.（私は宿題を終えました）のように、確認の場合はYou have finished your homework, haven't you?のように、どちらも「主語＋動詞」で始まるのが特徴なんだ。

確認の場合は、最後にdon't you?やhave you?みたいなものがつくけど、「ですよね？」という確認だというだけで大して重要じゃないから無視していい。こういう文を付加疑問文と呼ぶんだけど、作り方を確認しておこう。

1. **You** finished your homework, **didn't**[①] **you**[②]?（宿題を終えましたよね）
   ①動詞（過去形の肯定）を過去形の否定didn'tにする
   ②主語（代名詞）を合わせる

52　報告と確認は、問題も選択肢も内容の理解が不可欠。♪

2. Tom doesn't like carrots, **does[1] he[2]?**（トムはニンジンが好きじゃない**よね**）
　①動詞（現在形の否定）を逆の形doesにする
　②主語を合わせて代名詞にする

なお、報告・確認で難しいのは、応答の選択だ。コミュニケーションとして成り立つものを選ぼう。同じ単語が使われたからといって、正解とは限らない！

では、1問目。「手紙」が手渡されている状況だね。〈発音は アメリカ イギリス 〉
Here're some letters for you.　（あなた宛ての手紙です）

(A) I don't usually write them.（いつもは書かない）
(B) **Thank you very much.（本当にありがとう）** ← 正解
(C) I wasn't here.（ここにいなかった）

(A)は「手紙」のことだけど、「書かない」では応答にならないね。(B)は「お礼」を伝えている。これが正解だね。渡してもらったんだから、お礼を言うのが当然だ。(C)の「ここにいなかった」なんて言われても、手紙を渡す人は困ってしまうよ。報告は、質問に答えるわけではないから、意味を理解できないと消去法も使いにくくなる。「自分だったらどれを伝えるか」というバーチャルなコミュニケーションで切り抜けよう。

では、2問目。〈発音は アメリカ オーストラリア 〉
Jack has been to Japan, hasn't he?　（ジャックは日本に行ったことはありますよね）

これを言う人は「確かJackは日本に行ったことがあったはず」と思っているけど、念のため確認しているんだね。Jackとbeen to Japanがキーフレーズだ。

(A) **I think so.（そう思う）** ← 正解
(B) He's from Seattle.（シアトルから来た）
(C) Yes, I am.（はい、私はそうです）

(A)の「そう思う」とは「行ったことがある」ことを指している。これが正解。(B)はジャックの出身地だね。日本に行ったかどうかとは無関係だ。(C)は自分のことを答えているからズレてるよ。ちなみに、Yes, he has. だったら正解になるよ。

✓Check!

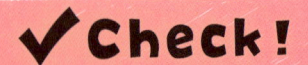

報告・確認表現をマスターするためのトレーニングだよ。

1 書き取ろう

1～3（報告）、4～6（確認）の質問を聞いて空欄を埋めてください。また、応答として適切なものを(A)～(H)から１つ選んで、[　]に記号を書いてください。

1. Paul (　　　) (　　　) this morning.
[　]

2. This (　　　) is (　　　) (　　　) (　　　).
[　]

3. (　　　) (　　　) to (　　　) (　　　) to the (　　　).
[　]

(A) How many do you need?　　(B) I've already done that, too.
(C) Let's call a repairperson.　　(D) I'll call him back.

4. (　　　) (　　　) to Singapore, (　　　) (　　　)?
[　]

5. Jack (　　　) (　　　) to the (　　　) (　　　), (　　　) he?
[　]

6. The (　　　) (　　　) will be (　　　) this (　　　), won't (　　　)?
[　]

(E) According to the schedule, yes.　　(F) No, he has another appointment.
(G) Yes, I had a great time.　　(H) No, I went there last week.

54　「外国人が自分に質問をしてきている」という意識で聞こう！♪

解答＋解説

1

(イギリス)

1. Paul **called you** this morning.（今朝、ポールから電話がきました）
応答 [**D**]

2. This **printer** is **out of order**.（このプリンターは故障しています）
応答 [**C**]

3. **I'd like** to **buy tickets** to the **airport**.（空港行きのチケットが欲しいです）
応答 [**A**]

(A) いくつ必要ですか？
(B) 私ももう、終えました。
(C) 修理工に電話しましょう。
(D) 彼に折り返し電話します。

(オーストラリア)

4. **You've been** to Singapore, **haven't you**?（シンガポールに行ったことありますよね）応答 [**G**]

5. Jack **can't come** to the **meeting today, can** he?（ジャックは今日、会議に来られませんよね）
応答 [**F**]

6. The **next meeting** will be **held** this **Friday**, won't **it**?（次の会議は今週金曜日ですね）
応答 [**E**]

(E) スケジュールによると、そうです。
(F) いいえ、彼は予定があります。
(G) はい、とても楽しかったです。
(H) いいえ、そこへは先週行きました。

アドバイス

1

1.「ポールから電話がきたよ」に対して、「折り返し電話する」と答えている(D)が適切。

2.「プリンターが故障中」という報告に対して、「修理工に電話しよう」という解決方法を伝えている(C)が正解。頼もしい人だね。

3.「空港行きのチケットが欲しい」とは、バスか電車のチケット売り場かな。枚数を確認している(A)が適切だね。

4.「シンガポールに行ったことあるよね」という確認だ。Yesと伝えたうえで、どうだったかの感想を伝えている(G)が適切だ。質問した人も行く予定なのかもね。

5.「ジャックが会議に来ない」ことの確認だね。Noと伝えたあとで、「どうして来ないか」の理由を伝えている(F)が適切だ。

6.「次の会議の日程」の確認だね。「スケジュールによると、そうです」と、相手の記憶が正しいことを伝えている(E)が正解だ。すっぽかしたら大変なことになるから、日程の確認は大切だ。

力だめし！

出題形式に沿った問題だ。実践で力を発揮できるか、やってみよう！

CDを聞き、適切な応答を選んでください。

☑ **1.** Mark your answer on your answer sheet.　Ⓐ Ⓑ Ⓒ

☑ **2.** Mark your answer on your answer sheet.　Ⓐ Ⓑ Ⓒ

☐ **3.** Mark your answer on your answer sheet.　Ⓐ Ⓑ Ⓒ

☐ **4.** Mark your answer on your answer sheet.　Ⓐ Ⓑ Ⓒ

☐ **5.** Mark your answer on your answer sheet.　Ⓐ Ⓑ Ⓒ

解答＋解説

1. [C] 難易度 ★★ アメリカ オーストラリア

The escalator is out of order now. （エスカレーターは今、故障中です）
(A) I didn't order it. （それを注文していません）
(B) On the second floor. （2階です）
(C) OK, let's walk. （わかりました、歩きましょう）

解説 エスカレーターが故障しているという報告だ。修理についての答えはなかったね。「階段で」という代案を伝えている(C)が正解。orderという単語だけで(A)を選ばなかったかな。

2. [A] 難易度 ★★★ アメリカ イギリス

I'll call you when I get home. （家に着いたらあなたに電話します）
(A) About what time? （だいたい何時ですか）
(B) Call me Nancy. （ナンシーと呼んでください）
(C) Yes, I am. （はい、そうです）

解説 「家に着いたとき」という補足があったので混乱してしまったかもしれないけれど、「電話する」という報告だね。電話をかける時間について確認している(A)が正解。(B)のcallは「〜と呼ぶ」という意味だよ。

3. [B] 難易度 ★★★ アメリカ オーストラリア

You should wear a jacket outside. （外ではジャケットを着たほうがいいです）
(A) No, this is old. （いいえ、これは古いです）
(B) Is it cold? （寒いですか）
(C) Didn't you buy it? （それを買わなかったのですか）

解説「ジャケットを着たほうがいい」というアドバイスだね。「何でジャケットを着たほうがいいのか」を確認しているのが、(B)だ。「ジャケットを着る」＝「寒いから」というのが関連づけられたかな。

4. [A] 難易度 ★★ アメリカ イギリス

Hanna speaks French, doesn't she? （ハナはフランス語を話せますよね）
(A) Yes, she studied it at college. （はい、彼女は大学で勉強しました）
(B) Through a travel agent. （旅行会社を通してです）
(C) No, I've never been there. （いいえ、そこに行ったことはありません）

解説「フランス語を話せる」という内容の確認だ。話せる理由を伝えている(A)が正解。大学で勉強しただけで話せるなんて、英語とフランス語は言語が似ているからかな。うらやましい！

5. [C] 難易度 ★★ アメリカ オーストラリア

George won't come to the office today, will he?
（ジョージは今日、オフィスに来ませんよね）
(A) He lives near the office. （彼はオフィスの近くに住んでいます）
(B) It's Wednesday today. （今日は水曜日です）
(C) No, he's on vacation. （はい、彼は休暇中です）

解説「同僚がオフィスに来ない」という内容を確認している。「来ませんよね」に対して、「来ません」という場合にはYesではなく、Noを使うよ。さらに、「なぜ来ないか」という理由を伝えている(C)が正解だ。

悩み解決コラム ❶

単語力アップ術

単語をすぐに覚えられる方法ってないでしょうか。なかなか覚えられないんです。

　単語学習の悩みは、もっとも多い悩みの1つだね。ただ、単語を覚えられないのは、記憶力が悪いからじゃないので安心していいよ。

　突然だけど、イメージしてみよう。真夏にアイスクリームを外に放置しておくとどうなるかな。すぐに溶けてしまうね。何も不思議じゃない。単語を学んで、そのまま放置しておくとどうなるかな。忘れる。これも不思議じゃない。自然な流れなのに、「自分には記憶力がない」とか「やっぱり向いてない」と思ってしまう人が多いんだ。

　アイスクリームの周りにドライアイスを置くことで、数時間そのままの状態にしておけるように、単語の周りにいろいろな情報を置き、関連づけることで記憶に残りやすくなる。重要なのは、「忘れないようにする努力」ではなく、「思い出しやすくする仕掛け」なんだ。

・仕掛け① 反復
人の名前を覚えるときには、顔と名前を一致させるだけではなく、何度も呼んで覚えている。人とも会えば会うほど仲良くなれるように、単語も例文を読んだり、使ったりするほど覚えられるよ。

・仕掛け② 音読
見て覚えるだけでなく、口や耳も一緒に使うことで思い出しやすくなる。皆さんは当然「掛け算九九」は暗記しているよね。それは、見ただけでなく何度も何度も声に出したからだ。何度も声に出すことで、単語もリズムで覚えられるようになるよ。

・仕掛け③ フレーズ
突然だけど、ここでクイズ。次の（　　　）に入るのはどんな言葉かな？
　1．ぐっすり（　　　　）
　2．風邪を（　　　　）

簡単だね。なぜ簡単かというと、「ぐっすり眠る」や「風邪をひく・治す」のようにフレーズのまま頭に入っているからだ。これが「ネイティブの感覚」なんだ。単語が「単体」で使われることはない。覚えるときも、cold（風邪）のように単体ではなく、catch a cold（風邪をひく）のように意味をしっかりイメージしながら、フレーズで学習しよう。

Part 3
リスニング
会話問題

Part別学習法

7日目 会話の概要

8日目 会話の詳細

9日目 トークの概要

10日目 トークの詳細

Part別学習法

出題スタイル、傾向は？

会話問題では、2人が話す会話と1人が話すトークが基本的に交互に出題される。話題は日常とビジネス系。1つの会話またはトークを聞いて、1つの問題に答えるよ。問題タイプは、「どこで」「だれが」「何について」などの概要や目的を問うものと、「いつ」「どこで」「だれが」「何を」「なぜ」など、より具体的な内容の聞き取りを求めるものがある。後者の問題のほうが多いため、ピンポイントでの聞き取り力が問われているよ。

CD 22

●会話

<u>Where</u> are the speakers?　どこにいるか（場所）が問われている！
(A) At a hotel.　　(B) On a train.
(C) At an office.　(D) In a taxi.

〈音声問題文〉 イギリス アメリカ　　　「ホテルまで」「道が閉鎖」「別の道」

W: Excuse me, <u>can you take me to the Grand Hotel</u> on Bathurst Street?
M: Sure. <u>Main Avenue is closed</u> now, so we'll <u>take another road</u>.
W: OK. That won't take too long.

車っぽいから、(D)だ！

●トーク

What will probably happen <u>at 3:00</u>?　3時がキーワードだ！
(A) Maria will arrive at the office.　(B) A meeting will start.
(C) The airplane will take off.　　 (D) Tickets will be sent.

〈音声問題文〉 イギリス　　「電車の遅れ」「会議を変更」「3時！」

Hi, John. This is Maria. I'm at the airport, <u>but the train has been delayed</u> due to this heavy rain. <u>Can we reschedule the one-o'clock meeting to 3:00?</u> I'll be able to get to the office by 2:30 at the latest.

会議の時間だから(B)だ！

Part 3 | 会話問題 | 15問

攻略のポイント、学習の仕方は？

生徒：長くなると聞き取りにくいなぁ……。
Jay：設問と選択肢は問題冊子に印刷されているので、先に読んでおくといいよ。ただし、時間がほとんどないので、素早く読まないといけない。

攻略ポイント：設問と選択肢を先に読んでおく

設問が「どこで」「だれが」「何について」という情報だったら、冒頭をしっかり聞けば答えがわかるよ。それから、設問が具体的な内容だったら、その情報を待ち伏せしてピンポイントで特定しよう。

概要問題は冒頭を聞き取る

・会話	・トーク
W：Excuse me, can you take...	A：...I'm at the airport... can we reschedule...
M：*******************	
W：*******************	*******************

詳細問題はピンポイントで聞き取る

生徒：あと、meetingとかthree o'clockとか単語だけ聞き取ることはできるのですが、話の内容を聞き取れるようになるにはどうしたらいいですか？
Jay：日常やビジネスの話題と聞くと無限にありそうだけど、実は同じようなやり取りが多いんだ。依頼をしたり、提案をしたり、問題を伝えたり。だから、まずはストーリーに慣れることが必要だね。

問題を解き終わったら、答え合わせをするだけで終えずに、必ず英文と日本語訳をしっかり確認しよう。そのあとで、トレーニングだ。1つの会話・トークにつき、5回1セットで「3回聞く＆2回リピート」を行うといいよ。

学習ポイント：会話・トークを反復学習

Part 3 Listening

7日目 会話の概要

学習した日
1回目 10/0
2回目 /

ポイント！
「連想ゲーム」で基本情報を攻略！

「会話の場所」や「人物の職業」に関する問題は必ず出る。聞き取りのポイントは、使われている単語やフレーズからの連想だよ。たとえば、「予約」「4人」「テラス席」と聞こえたら、場所はどこだろう？　では、話している人が「指定席」「次の電車」「満席」と言ったら、この人の職業は何だろう？　それぞれ、「レストラン」と「駅員」だね。このように、聞き取れた語句から連想する問題を攻略しよう。何が問われているかを確認してから聞くと聞きやすいから、先に問題を読んでおこう。

サンプル問題　CD 23

まずは、問題を解いてみよう。

1. Where are the speakers?
   (A) At a music shop.
   (B) At a station.
   (C) At a library.
   (D) At a computer shop.　Ⓐ Ⓑ Ⓒ Ⓓ

2. Who is the man?
   (A) A carpenter.
   (B) A pharmacist.
   (C) A taxi driver.
   (D) A patient.　Ⓐ Ⓑ Ⓒ Ⓓ

特定できたかな？　全部を聞けなくても、キーワードさえわかれば解けるよ。特に「冒頭」をしっかり聞き取ろう。最初のほうだけ聞き取れれば解ける問題も多

会話の出だしに大きなヒントがある。集中力の80%を出だしに使おう！♪

いんだ。全部を理解できなくても正解できるから、緊張せずに聞き取ろう。

では、1問目を確認してみよう。〈発音は アメリカ イギリス 〉

M : Excuse me. I'm looking for a book, but I can't find it. The title is *the History of African Music*.
W : Let me check with the computer. If there's one available, I'll tell you where it is.
M : Thank you.

男：すみません、本を探していますが、見つけられません。タイトルは『アフリカ音楽の歴史』です。
女：コンピュータで確認させてください。もし在庫があれば、どこにあるかお伝えします。
男：ありがとうございます。

1. Where are the speakers?（話し手はどこにいますか）
(A) At a music shop.（音楽ショップ）
(B) At a station.（駅）
(C) **At a library.（図書館）** ← 正解
(D) At a computer shop.（コンピュータショップ）

男性の発言に I'm looking for a book.（本を探している）とあるね。選択肢の中で本に関係があるのは(C)の図書館しかないね。これを聞き逃してしまうとヒントがなくなる。ちなみに、会話には library という単語は登場していない。これが連想問題の特徴なんだ。(A)の音楽ショップを選んでしまった人は、African Music から判断したと思うけど、これは本のタイトルの一部なんだ。でも惜しい！

この会話に出てきた、よく使われる表現を覚えておこう。
- **I'm looking for…（〜を探しています）**
  店の会話によく出てくる。
- **available（在庫がある）**
  商品がある状態を available という。覚えておこう。

では、2問目。〈発音は イギリス オーストラリア 〉

W: Mr. Jackson. Are you feeling better today?
M: Yes. I still have a cough, but I don't have a fever any more.
W: That sounds good. I'll just prescribe some cough medicine for several days.

女：ジャクソンさん。今日は気分がよくなっていますか。
男：はい。まだせきが出ますが、もう熱はありません。
女：いいですね。数日分、せきの薬を処方しましょう。

2. Who is the man?（男性はだれですか）
(A) A carpenter.（大工）
(B) A pharmacist.（薬剤師）
(C) A taxi driver.（タクシー運転手）
(D) **A patient.（患者）** ← 正解

男性がだれかが問われているね。女性の「今日は気分がよくなっていますか」に対して、I still have a cough（まだせきが出ます）と体調を答えている。このやり取りは、病院だね。女性が最後にmedicine（薬）という単語を使っていることからも、この人は医者だ。ということは、男性は(D)の患者だね。もちろん、patientという単語は出てきてないから、内容から連想するのがポイントだよ。病気・病院関係の単語がヒントになっていて、cough（せき）、fever（熱）、prescribe（処方する）、medicine（薬）は重要だ。

✓Check!

場所と人物の聞き取りをマスターするためのトレーニングだよ。

1 連想しよう① CD 24

3つの語句を聞いて、連想できる場所を語群から選んで書いてください。

1. (　　　　　　　)

2. (　　　　　　　)

3. (　　　　　　　)

4. (　　　　　　　)

語群：airport / clothing store / fitness center / hotel / restaurant / station / theater

2 連想しよう② CD 25

3つの語句を聞いて、連想できる人物を語群から選んで書いてください。

1. (　　　　　　　)

2. (　　　　　　　)

3. (　　　　　　　)

4. (　　　　　　　)

語群：chef / dentist / mechanic / professor / real estate agent / travel agent

解答＋解説

1 （アメリカ）

1. hotel（ホテル）
2. station（駅）
3. clothing store（洋服店）
4. fitness center（スポーツジム）

その他の語群：
airport（空港）
restaurant（レストラン）
theater（劇場）

2 （イギリス）

1. professor（教授）
2. mechanic（修理工）
3. dentist（歯科医）
4. travel agent（旅行代理店）

その他の語群：
chef（シェフ）
real estate agent（不動産業者）

● ほかに覚えておきたい職業一覧

accountant	会計士
engineer	エンジニア
flight attendant	フライトアテンダント
florist	花屋
lawyer	弁護士
librarian	司書
photographer	写真家
receptionist	受付
secretary	秘書
server	ウェイター／ウェイトレス
technician	技術者

アドバイス

聞いた音声を確認しよう。

1

1. reservation（予約）
   check-in time（チェックインの時間）
   room key（部屋の鍵）

2. express train（急行電車）
   ticket（チケット）
   reserved seat（指定席）

3. looking for a jacket（ジャケットを探している）
   out of stock（在庫切れ）
   new shipment（新たな発送〈入荷〉）

4. workout（筋トレ）
   exercise machine（運動器具）
   trainer（トレーナー）

2

1. lectures（講義）
   assignment（課題）
   deadline（締切）

2. broken（故障して）
   repair your car（車を修理する）
   replace the battery（バッテリーを交換する）

3. appointment（予約）
   brush your teeth（歯を磨く）
   checkup（検診）

4. destination（目的地）
   airline ticket（航空券）
   make travel arrangements（旅行の手配をする）

力だめし！

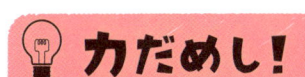

出題形式に沿った問題だ。実践で力を発揮できるか、やってみよう！

CDを聞き、適切な応答を選んでください。

1. Where are the speakers?
(A) At a grocery store.
(B) At a bakery.
(C) At a bookstore.
(D) At a florist.　Ⓐ Ⓑ Ⓒ Ⓓ

2. Where are the speakers?
(A) On a bus.
(B) At a city hall.
(C) On an airplane.
(D) At a museum.　Ⓐ Ⓑ Ⓒ Ⓓ

3. Who is the woman?
(A) A carpenter.
(B) A librarian.
(C) A chef.
(D) An accountant.　Ⓐ Ⓑ Ⓒ Ⓓ

解答＋解説（音声問題文と訳は、別冊p.1）

1. [D] 難易度 ★★★

解説 男性がsend flowersしたいと言っている。これが何よりのヒントだね。上司のために花を贈るなんてモテ男だね。答えのヒントだけじゃなく、モテるヒントまである。それはいいとして、後半のbouquet（花束）やbeautiful flowers（美しい花）という表現からも、ここは(D)の花屋だ。花屋の店先に並んだいろんな花を見ていたんだろうね。

2. [A] 難易度 ★★★

解説 museumとあったけど、つられて選ばなかったかな。女性の最初の発言は「美術館に行くにはどこで降りるべき？」と言ったあと、「バス停の名前を忘れた」と伝えていたよ。まずはこのget offがポイント。それから男性の「市役所を過ぎたら右側に見える」や「運転手からアナウンスがある」などを考慮すると、正解は(A)のバスだ。飛行機は残念ながら途中下車できない。

3. [B] 難易度 ★★☆

解説 探しているときのお決まり表現I'm looking for…につづいてone of these booksと伝えられていたよ。これがヒント。本に関する仕事は、あなたがこの本をレジに出したときに対応してくれた書店員さんが思い浮かぶけど、残念ながら選択肢にない。何となく図書館っぽい単語のlibrarian（司書）が正解。図書館の優しい職員さんをlibrarianと呼ぶことを覚えておこう。

Part 3 Listening

8日目 会話の詳細

学習した日
1回目 10/12
2回目 /

ポイント！「もぐらたたき」で詳細情報を攻略！

前回の「会話の場所」や「人物の職業」に関する問題は、キーワードの聞き取りで「どこ」や「だれ」を連想するスキルが必要だったね。今回は、もっとピンポイントで「何」「いつ」「どこ」「どうやって」「なぜ」を聞き取る問題の練習をしよう。求められるスキルは、ピンポイントで聞き取る「もぐらたたき」だ。設問を先に読んでおくことで、待ち伏せしてモグラをたたける。

サンプル問題　CD 27

まずは、問題を解いてみよう。

1. When will the man make a presentation?
   (A) On Monday.
   (B) On Tuesday.
   (C) On Wednesday.
   (D) On Thursday.　　Ⓐ Ⓑ Ⓒ Ⓓ

2. What does the woman plan to do tomorrow?
   (A) Watch a movie.
   (B) Go jogging.
   (C) Work overtime.
   (D) See a dentist.　　Ⓐ Ⓑ Ⓒ Ⓓ

設問を先にしっかり読んでおくと、特定しやすい。何の話かがわからなかったとしても、求められている情報だけ聞き取れれば正解できる問題だ。ただし、選択肢にあるものが複数登場することもある。この場合、難易度が上がるよ。さらに、会話で聞こえてきたものと選択肢の単語が言い換えられている場合も難しくなるよ。

では、1問目を確認してみよう。〈発音は イギリス アメリカ〉

W: Hi Jack. Are you going to make a presentation at the conference?
M: Yes, I'm going to talk about our new product next Tuesday. I'm still preparing for it, but it'll be done by the end of the day.
W: If you need any help, just let me know.

女：ハイ、ジャック。あなた、会議でプレゼン*をする予定なの？
男：ああ、次の火曜日に新製品について話す予定だよ。まだ準備しているところなんだけど、今日いっぱいには終わるだろう。
女：何か手伝いが必要なら、知らせてね。

1. When will the man make a presentation?
（いつ男性はプレゼンテーションをしますか）
(A) On Monday.（月曜日に）
(B) **On Tuesday.（火曜日に）** ◀ 正解
(C) On Wednesday.（水曜日に）
(D) On Thursday.（木曜日に）

設問と選択肢に目を通すと「プレゼンの曜日」が問われているよ。キーワードはpresentationと曜日だね。女性が「プレゼンするの？」と聞いた後、next Tuesdayと答えている。「新製品について話す」という情報はわからなくても答えられるやさしい問題だね。ほかの曜日が出てこないから、Tuesdayさえ聞こえれば即、正解だ。
（*プレゼン：プレゼンテーション。企画や情報をわかりやすく説明して相手を説得すること）

では、2問目。〈発音は オーストラリア イギリス〉

M: Emily, I read a review for the new comedy movie, and it seems fun. Why don't we go and see it tomorrow?
W: I'd love to, but I have a dental appointment after work. How about next Wednesday? I really want to watch it, and I have more time next week.
M: Let me check my schedule, and I'll talk to you later.

男：エミリー、新しいコメディー映画の紹介文を読んだらおもしろそうなんだ。明日見に行かない？

設問を先に読むことで、ヒントを待ち伏せしよう！

女：おもしろそう、でも仕事のあと歯医者の予約があるの。次の水曜日はどう？
　　私、本当に見たいし、来週のほうが時間があるわ。
男：予定を確認させて。あとで話すよ。

2. What does the woman plan to do tomorrow?
（女性は明日何をする予定ですか）
(A) Watch a movie.（映画を見る）
(B) Go jogging.（ジョギングする）
(C) Work overtime.（残業する）
(D) **See a dentist.（歯医者に行く）** ◀ 正解

女性が明日計画していることが問われているよ。男性がcomedy movieについてWhy don't we go and see it tomorrow?と誘ったのに対して、女性はI'd love toと一見受け入れている感じがするけど、but…と話が続いているよ。I have a dental appointment（歯医者の予約がある）と明日の予定を伝えているため正解は(A)の「映画を見る」ではなく、(D)の「歯医者に行く」だ。会話と選択肢で言い換えがあるから、少し難易度が高くなってるよ。ちなみに、butのあとは重要な情報が話されるため、正解が出ることも多いんだ。

ピンポイントでどのような情報を聞き取るかを確認しよう。
- 場所を問う：Where…?　出張の場所・資料がある場所・2人が会う場所など
- 日時を問う：When…? What time…?　予約の時間・会議が始まる時間など
- 方法を問う：How…?　支払方法・移動手段など
- 人物を問う：Who…? Whose…?　会う人物・持ち主など
- 物を問う：What…?（選択肢が名詞のもの）　渡すもの・送るものなど
- 問題を問う：What is the problem?　見つからない・動かないなど
- その他を問う：How many…?（数）How long…?（長さ・期間）How often…?（頻度）How soon…?（期間）How much…?（金額・量）
- 行動を問う：What…?（選択肢が主語＋動詞、または動詞から始まっているもの）
- 理由を問う：Why…?　行動の理由など

✓ Check!

ピンポイントでの聞き取りをマスターするためのトレーニングだよ。

1 特定しよう①

CD 28

求められている情報を聞き取って空欄を埋めてください。

1. The post office closes at (　　　) on Saturdays. **When?**

2. The man will go on a business trip to (　　　). **Where?**

3. The speaker came to the convention center by (　　　). **How?**

4. The man will visit a (　　　) tomorrow. **Who?**

5. The speakers will receive a (　　　) at the counter. **What?**

2 特定しよう②

CD 29

会話を聞いて、正しい内容に○をつけてください。

1. What will the speakers do next week?
   [　] Eat at a restaurant.
   [　] Visit Italy.

2. Why will the man go to the store?
   [　] To buy a jacket.
   [　] To exchange an item.

3. Why is the woman worried?
   [　] She may be late for an appointment.
   [　] She cannot find information.

8日目 会話の詳細 Check!

解答＋解説 （音声問題文と訳は、別冊p.2）

1

1. The post office closes at **5:00** on Saturdays.
（郵便局は土曜日5時に閉まります）

2. The man will go on a business trip to **Korea**.
（男性は韓国へ出張します）

3. The speaker came to the convention center by **car**.
（話し手は車でコンベンションセンターへ来ました）

4. The man will visit a **client** tomorrow.
（男性は明日、顧客を訪ねます）

5. The speakers will receive a **ticket** at the counter.
（話し手はカウンターでチケットを受け取ります）

2

1. 話し手は来週何をしますか。
○ レストランで食事をする。
× イタリアを訪れる。

2. 男性はなぜ店へ行きますか。
× ジャケットを買うため。
○ 品物を交換するため。

3. 女性はなぜ心配しているのですか。
× 約束に遅れるかもしれない。
○ 情報を見つけられない。

アドバイス

1

すべて複数の情報が登場しているため、正確な聞き取り力が問われている。

1. 郵便局が閉まる時間について、男性が「6時?」と聞いたのに対して、女性が「5時」と訂正していたよ。正しいほうを選べたかな?

2. SingaporeとKoreaだけど、will goと未来の内容が問われているため、これから行くKoreaが正しい。

3. 「電車が遅れた」という男性の発言に対して、「運転してきて正しかった」と答えているよ。つまり、trainではなくcarで来てよかった、ということ。

4. 「パーティーに行くか」どうか。「その予定だったけど」という前置きのあと、I have to meet a clientと伝えているね。最後に答えが登場するため、ストーリーの理解が求められているよ。

5. 「チケットある?」と不安になっている男性に対して、女性が「カウンターでもらえる」と伝えている。flyer（ちらし）はすでに持っているもの。

2

1. Italian restaurantの話だったから、Let's go thereとはレストランだよね。

2. 店に行く理由だね。「ジャケットのサイズが小さすぎる」のあとで、「大きいのと交換する」と伝えていたよ。exchange（交換する）は聞き取れたかな。

3. 女性が心配している理由だよ。男性の発言に「名刺をどこに置いたか思い出せない」と伝えているね。つまり、「情報が見つけられない」ということ。言い換えに気づいたかな。

力だめし！

出題形式に沿った問題だ。実践で力を発揮できるか、やってみよう！

CDを聞き、適切な応答を選んでください。

☑□ **1.** What does the woman give the man?
   (A) A map.
   (B) A key.
   (C) A ticket.
   (D) A schedule.   Ⓐ Ⓑ Ⓒ Ⓓ

□□ **2.** What does the woman ask the man to do?
   (A) Send a design.
   (B) Read a manual.
   (C) Make a photocopy.
   (D) Change a poster.   Ⓐ Ⓑ Ⓒ Ⓓ

□□ **3.** Why are the speakers happy?
   (A) They can take a day off tomorrow.
   (B) They will join a birthday party.
   (C) They will finish their task on time.
   (D) They won a presentation contest.   Ⓐ Ⓑ Ⓒ Ⓓ

8日目 会話の詳細 力だめし！

解答＋解説 （音声問題文と訳は、別冊p.3）

1. [D] 難易度 ★☆☆

解説 設問から女性が男性に何かを渡すことがわかるね。テストにラブレターは出てこないからドキドキしないように。女性の「航空券買った？」という質問から始まっているけど、ticketを渡しているわけではなさそうだ。女性の最後の発言にHere's the schedule…と渡しているものが伝えられている。正解は(D)の時刻表。Here's…は、「はいどうぞ」と何かを渡すときの表現ということを覚えておこう。

2. [A] 難易度 ★★☆

解説 設問は「女性が男性に依頼すること」だ。女性の発言をしっかりと聞こう。Part 2で学習した依頼の表現は覚えているかな。そこで学習したCould you…?（〜していただけませんか）に気づけたら素晴らしい。依頼の内容は、男性の発言にあった「ポスターデザイン」について、「メールで送ってほしい」ということ。正解は(A)。ポスターの話だけど、(D)のポスターを取り替えることを依頼しているわけではないよ。

3. [C] 難易度 ★★☆

解説 「ハッピーな理由」が問われているね。問題を解くためには、ハッピーだという内容とその理由を聞き取る必要がある。ハッピーそうな表現は、男性が伝えているOh, good.だ。そのあと、「仕事が予定どおり終わる」と伝えているため、正解は(C)の「彼らは時間どおりに仕事を終える」。

Part 3 Listening

9日目 トークの概要

学習した日
1回目 10/12
2回目 /

ポイント！ こちらも「連想ゲーム」で基本情報を攻略！

会話問題と同様に、1人が話すトークでも「連想ゲーム」で解く問題が出るよ。「場所」「話している人物の職業」「トピック」について、聞き取れた語句から連想する問題を攻略しよう。問題を先に読むとき、選択肢までざっと読んでおくと聞きやすくなる。選択肢の内容がバラバラなら解きやすい問題だけど、近い内容が並んでいるときは要注意だ。

サンプル問題 CD 31

まずは、問題を解いてみよう。

1. Who is the speaker?
   (A) A painter.
   (B) A tour guide.
   (C) A chef.
   (D) A radio announcer.   Ⓐ Ⓑ Ⓒ Ⓓ

2. Where is the speaker?
   (A) At an office.
   (B) At a movie theater.
   (C) At a museum.
   (D) At an airport.   Ⓐ Ⓑ Ⓒ Ⓓ

3. What is being announced?
   (A) A tour.
   (B) A new product.
   (C) A sale.
   (D) A open position.   Ⓐ Ⓑ Ⓒ Ⓓ

概要がわかるのは冒頭。挨拶や自己紹介、商品の内容から特定しよう！ ♪

9日目 トークの概要 ポイント！

「だれ」「どこ」「何について」は連想ゲームで切り抜けよう。ポイントはやっぱり「冒頭」だ！

では、1問目を確認してみよう。〈発音は イギリス 〉

> Welcome to the National Museum of Art. I'm Rebecca Jackson, your guide today. Before we start our tour, I have an announcement to make. Taking photos is not allowed in the building. If you have any questions, please talk to me anytime.

国立美術館へようこそ。私はレベッカ・ジャクソン、今日のあなたのガイドです。私たちがツアーを開始する前に、お知らせがあります。建物内で写真を撮ることは許可されていません。ご質問があれば、いつでも私にご相談ください。

1. Who is the speaker?（話し手はだれですか）
(A) A painter.（画家）
(B) **A tour guide.（ツアーガイド）** ◀ 正解
(C) A chef.（シェフ）
(D) A radio announcer.（ラジオのアナウンサー）

職業が問われているね。歓迎の言葉を伝えたあとに、名前とともにyour guideと自己紹介をしているよ。なかなか自分の職業を名乗ることはないけれど、こう言ってくれると解きやすいね。正解は(B)のツアーガイド。美術館だけど、画家が話しているわけではないんだ。

では、2問目。〈発音は オーストラリア 〉

> Attention passengers. Flight 201 bound for San Francisco has been delayed due to mechanical trouble. The boarding time will be at around 3:30 P.M., about 45 minutes behind schedule. We apologize for any inconvenience.

乗客の皆様。サンフランシスコ行きの201便は、機械トラブルのために遅れています。搭乗時間は午後3時30分前後、予定より約45分の遅れとなります。ご不便をおかけしますこと、お詫び申し上げます。

2. Where is the speaker?（話し手はどこにいますか）
(A) At an office.（事務所に）
(B) At a movie theater.（映画館に）
(C) At a museum.（美術館に）
(D) **At an airport.（空港に）** ◀ 正解

場所が問われているね。キーワードは flight（フライト）と boarding time（搭乗時間）。連想ゲームで正解は(D)の空港だ。選択肢には他の交通機関がないので、冒頭の passengers（乗客）も大きなヒントだね。

ここで、交通機関でよく使う表現を覚えておこう。
- Attention passengers.（乗客の皆様にお知らせします）
- … has been delayed（～は遅れています）
- due to a mechanical trouble / bad weather（機械トラブル／悪天候により）

続いて、3問目！〈発音は アメリカ 〉

Thank you for shopping at Grand Computer. We are now offering discounts for selected items. This offer will end this Sunday, so please take advantage of it while the items are in stock.

グランドコンピュータでのお買い物、ありがとうございます。現在、特選商品の割引を行っております。この割引は今週日曜日までです。商品の在庫がある限り、ご利用ください。

3. What is being announced?（何がアナウンスされていますか）
(A) A tour.（ツアー）
(B) A new product.（新製品）
(C) **A sale.（セール）** ◀ 正解
(D) An open position.（職の空き）

何がアナウンスされているか、というトピックが問われている。offering discounts（割引を提供しています）は聞き取れたかな。これを言い換えている(C)が正解だ。詳細を問う問題だったら、「セールはいつまでか」などが出そうだね。

✓Check!

場所・人物・トピックの聞き取りをマスターするためのトレーニングだよ。

1 連想しよう①
[CD 32]

短いトークを聞いて、連想できる場所を語群から選んで書いてください。

1. (　　　　　　　)
2. (　　　　　　　)
3. (　　　　　　　)
4. (　　　　　　　)

語群：airport / museum / office / stadium / station / store / university

2 連想しよう②
[CD 33]

短いトークを聞いて、連想できる人物を語群から選んで書いてください。

1. (　　　　　　　)
2. (　　　　　　　)
3. (　　　　　　　)
4. (　　　　　　　)

語群：bus driver / executive / flight attendant / instructor / radio announcer / tour guide

3 連想しよう③
[CD 34]

短いトークを聞いて、トピックを語群から選んで書いてください。

1. (　　　　　　　)
2. (　　　　　　　)
3. (　　　　　　　)
4. (　　　　　　　)

語群：limited sale / open position / problem with equipment / registration for a class / request for feedback / updated schedule

解答+解説 （音声問題文と訳は、別冊p.4）

1
1. store（店）
2. station（駅）
3. university（大学）
4. stadium（スタジアム）

その他の語群：
airport（空港）　museum（美術館）
office（オフィス）

2
1. flight attendant（フライトアテンダント）
2. executive（重役）
3. radio announcer（ラジオアナウンサー）
4. instructor（インストラクター）

その他の語群：
bus driver（バスの運転手）
tour guide（ツアーガイド）

3
1. updated schedule（最新のスケジュール）
2. limited sale（限定のセール）
3. problem with equipment（機器の問題）
4. request for feedback（感想のリクエスト）

その他の語群：
open position（職の空き）
registration for a class（クラスの登録）

アドバイス

音声問題文のうち、解答のヒントとなるキーワードを記します。

1
1. shopping
2. next train
3. class, your homework
4. game, your seat

2
1. Airlines, Flight
2. As the president
3. traffic report
4. open your textbook

3
1. announce a change to the program
2. offered, 40 percent off
3. the air-conditioner is out of order
4. please fill out the survey

力だめし！

出題形式に沿った問題だ。実践で力を発揮できるか、やってみよう！

CDを聞き、適切な応答を選んでください。

□□ **1.** Where is the announcement being made?
　　(A) At a train station.
　　(B) At an electronics store.
　　(C) At a grocery store.
　　(D) At an airport.　　　　　　Ⓐ Ⓑ Ⓒ Ⓓ

□□ **2.** Where is the speaker?
　　(A) At a movie theater.
　　(B) At a sport event.
　　(C) At a job fair.
　　(D) At a technology workshop.　Ⓐ Ⓑ Ⓒ Ⓓ

□□ **3.** What is being announced?
　　(A) A charity event.
　　(B) A bus service.
　　(C) A seasonal sale.
　　(D) A store opening.　　　　　Ⓐ Ⓑ Ⓒ Ⓓ

解答＋解説（音声問題文と訳は、別冊p.5）

1. [**B**] 難易度 ★★★

解説 買い物のお礼から始まって、割引のお知らせへと続いているね。店関係の選択肢は(B)と(C)。割引の対象が「プリンター」「掃除機」「コーヒーメーカー」という商品だから、電器店の(B)が正解。electronics store（電器店）は覚えておこう。ちなみに、(C)は食料品店だけど、これも重要だよ。

2. [D] 難易度 ★★★

解説 場所が問われている。冒頭の呼びかけ＆お礼に続いて、「コンピュータは重要だ」と述べたうえで、少し長いけど「コンピュータがどのように使われているかを学ぶために短いビデオを見ましょう」と伝えている。コンピュータ関係の学びがあるため、正解は(D)。workshopというのは「研修」のことを言うよ。

3. [A] 難易度 ★★★

解説 アナウンスされている内容が問われているよ。冒頭でa charity concert will be held…と「チャリティ*コンサート」の開催予定が伝えられている。これを少し言い換えている(A)のチャリティイベントが正解。バスかタクシーでの来場をお願いしているのと、バス停から徒歩1分という情報はあるけれど、バス運行の話ではないよ。

（*チャリティ：慈善活動のこと）

Part 3 Listening

10日目 トークの詳細

学習した日
1回目 10/14
2回目 /

> **ポイント！** ピンポイントで攻略する！

1人のトークの場合、やり取りがないため話を追いにくく感じるかもしれない。さらに、具体的な内容が問われている場合は「何となく」の理解では答えることができない。でも、大丈夫。求められている情報をしっかりと事前に読んでおくことで、「もぐらたたき」の精度を上げていこう。

サンプル問題　CD 36

まずは、問題を解いてみよう。

1. What time does the store close on Saturday?
   (A) At 7:00 P.M.
   (B) At 8:00 P.M.
   (C) At 9:00 P.M.
   (D) At 10:00 P.M.

2. What does the speaker ask Ms. Ono to bring?
   (A) A map of the building.
   (B) A photo identification.
   (C) A bank card.
   (D) An application form.

基本的には8日目「会話の詳細」と同様、先に設問を読んでおくことで、求められている情報を待ち伏せするよ。2人で行う会話と異なり、1人がずっと話しているトークの聞き取りはストレスを感じたかもしれない。その場合は、求められている情報を特定する「一点集中」で切り抜けよう。

では、1問目を確認してみよう。〈発音は アメリカ 〉

> Attention shoppers. Thank you very much for shopping at Lincoln Mall. We are closing in five minutes, so please make your way to the exit. For your information, we are open from 10:00 A.M. to 8:00 P.M. Monday through Friday, and 10:00 A.M. to 9:00 P.M. Saturday and Sunday. The parking lot is closed one hour after the store closes.

お客様に申し上げます。リンカーンモールでお買い物していただき、ありがとうございます。当店はあと5分で閉店いたします。お出口へお進みください。ご参考までに、当店は月曜から金曜までは午前10時から午後8時まで、土曜と日曜は午前10時から午後9時まで開店しています。駐車場は閉店1時間後に閉まります。

1. What time does the store close on Saturday?
（土曜日、店は何時に閉まりますか）
(A) At 7:00 P.M.（午後7時）
(B) At 8:00 P.M.（午後8時）
(C) **At 9:00 P.M.（午後9時）** ← 正解
(D) At 10:00 P.M.（午後10時）

shoppersとは買い物客だよ。コンビニでもデパートでも買い物中の人は、みんなshoppersだ。営業時間は通常後半に登場するから、途中で聞き取れなくなってしまっても、時間と曜日だけ聞き取れればOKだよ。土曜日については、10:00 A.M. to 9 P.M. Saturday and Sundayとあるから正解は(C)。

では、2問目。〈発音は イギリス 〉

> Hello, Mr. Ono. This is Jane Crosbie from West Bank. I'm calling about the application for opening your bank account. To make a card, could you please bring your photo identification? We are open from 9:00 A.M. to 3:00 P.M. Monday through Friday. Thank you.

こんにちは、小野さん。こちらはウェスト銀行のジェーン・クロスビーです。銀行口座を開くためのお申し込みの件でお電話をしています。カードを作るために、写真付きの身分証明書をお持ちくださいますか。当店は月曜から金曜までの午前9時から午後3時まで開いています。よろしくお願いします。

アナウンスや留守番電話の決まった表現を覚えておこう。

2. What does the speaker ask Ms. Ono to bring?
   （話し手は小野さんに何を持ってくるよう頼んでいますか）
   (A) A map of the building.（建物の地図）
   (B) **A photo identification.（写真付き身分証明書）** ← 正解
   (C) A bank card.（銀行のカード）
   (D) An application form.（申し込み用紙）

ask …to bringだから、「何かを持ってきてください」と言うはずだね。依頼表現のCould you please…?（〜していただけますか）もポイント。覚えておこう。bring your photo identification（写真付きの身分証明書を持ってきてください）とあるため、正解は(B)。そのまま選択肢に入っているから聞き取れたら選べるよ。opening your bank account（銀行口座を開く）という表現から、銀行からの電話ということもわかるね。

Howは、How longやHow oftenなど、様々な程度を問うものが登場する。ここでは、How+ α の設問を確認しておこう。

- **How often is the event held?**（イベントはどのくらいの頻度で開かれますか）
- **How long is the drawing class?**（絵画クラスはどのくらいの時間の長さですか）
- **How long is the table?**（テーブルはどのくらいの長さですか）
- **How many people will come to the party?**（何人がパーティーに来ますか）
- **How late does the store open?**（店はどのくらい遅くまで開いていますか）

✔ Check！

ピンポイントでの聞き取りをマスターするためのトレーニングだよ。

1 特定しよう①

CD 37

求められている情報を聞き取って空欄に記入してください。

1. The special sale takes place every (　　　　). **How often?**

2. The radio program runs for (　　　　) minutes. **How long?**

3. The trip costs (　　　　) dollars. **How much?**

4. The file is on the (　　　　). **Where?**

5. The speaker will be back to the office on (　　　　). **When?**

2 特定しよう②

CD 38

トークを聞いて、正しい内容に○をつけてください。

1. What will the listeners receive?
   [　] A ticket for the play.
   [　] A map to the theater.

2. Why does the speaker need help?
   [　] She will prepare for a move.
   [　] She will cook some food.

3. Why will the store close tomorrow?
   [　] Because of renovation.
   [　] Because of a national holiday.

10日目 トークの詳細 Check!

解答＋解説 （音声問題文と訳は、別冊p.7）

1

1. The special sale takes place every **year**. （特別セールは毎年行われる）
2. The radio program runs for **45** minutes. （ラジオ番組は45分間続く）
3. The trip costs **50** dollars. （その旅行の費用は50ドルだ）
4. The file is on the **desk**. （ファイルは机の上にある）
5. The speaker will be back to the office on **Wednesday.** （話し手は水曜日に事務所に戻るだろう）

2

1. 聞き手は何を受け取りますか。
   × 劇のチケット。
   ○ 劇場への地図。
2. 話し手はなぜ助けが必要ですか。
   ○ 引っ越しの準備をするため。
   × 料理をするため。
3. その店はなぜ明日、閉まるのですか。
   ○ リフォームのため。
   × 祝祭日のため。

アドバイス

1

1. annualとは「毎年」のこと。正解はevery yearと言い換えられるよ。
2. How longは「時間の長さ」や「物の長さ」を指す。minutes（分）とあるから、数字を正確に聞き取ろう。
3. How muchは金額や量を指すよ。dollarsとあるから金額だ。15と50の聞き間違いに注意しよう。旅行先で間違えたらシャレにならないよ。
4. もともとはコピー機の上に置いてあったと考えられるけど、今は机の上だよ。つられないように注意しよう。
5. I was going to…は「そういう予定だったけど、変わってしまった」ことを表すよ。「火曜に戻ってくる予定だったけど、翌日になる」という内容の理解が求められる難問。

2

1. チケットが20％割引で買えるけど、チケットを渡しているわけではないよ。
2. 手伝いが必要な理由を聞こう。I'm moving to a new apartment…とお願いの前に前置きしているよ。ディナーで釣ろうとしてるね（笑）。
3. 明日から店が閉まる理由だ。キーワードのtomorrowの前に理由（renovation）が伝えられている。問題を先に読んでおくことで、「これだ！」と特定しやすくなるよ。

力だめし！

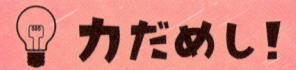

出題形式に沿った問題だ。実践で力を発揮できるか、やってみよう！

CDを聞き、適切な応答を選んでください。

☐☐ **1.** How long is the tour?
(A) For 15 minutes.
(B) For 30 minutes.
(C) For 45 minutes.
(D) For 60 minutes. Ⓐ Ⓑ Ⓒ Ⓓ

☐☐ **2.** Where can the listeners register for the events?
(A) At the information desk.
(B) On the Web site.
(C) At the back of the room.
(D) At the library. Ⓐ Ⓑ Ⓒ Ⓓ

☐☐ **3.** What is the problem?
(A) Tickets are sold out.
(B) The flight has been canceled.
(C) The train has been delayed.
(D) The document is missing. Ⓐ Ⓑ Ⓒ Ⓓ

☐☐ **4.** What does the speaker ask the listener to do?
(A) Return a patient card.
(B) Correct some information.
(C) Make travel arrangements.
(D) Reschedule the appointment. Ⓐ Ⓑ Ⓒ Ⓓ

10 日目 トークの詳細 力だめし！

解答＋解説 （音声問題文と訳は、別冊p.8）

1. [D] 難易度 ★★☆
解説 ツアーの時間をピンポイントで聞き取ろう。最初に出てくる15 minutesは説明の時間だよ。その後に、the one-hour tourとある。正解はこれを60分と言い換えている(D)。時間と内容を聞き取る必要があるため、正確な聞き取りが求められる問題だね。

2. [A] 難易度 ★★☆
解説 イベントの登録ができる場所が問われている。you can register at the information desk.とはっきり伝えている。正解は(A)。ウェブサイトは情報が掲載されている場所。

3. [C] 難易度 ★★★
解説 設問を読むと問題が起こっていることがわかるね。アナウンスの対象が「3時の急行チケット」を持っている乗客。その後、it has been delayed（遅れている）と伝えられているため、正解は(C)。理由を伝えるDue to…（〜のため）は重要だから覚えておこう。

4. [D] 難易度 ★★☆
解説 依頼内容を聞き取ろう。I have an appointment with…は約束があることを伝える表現。出張のために約束の日に行けないことを伝え、Can I reschedule it?（それを変更できますか）と依頼している。「それ」とは約束の日程のため、正解は(D)。

リスニング徹底トレーニング

Part 2は短いからまだいいのですが、Part 3のような長い英文は、やっぱり聞いているうちにわからなくなってしまいます。

　「リスニングが苦手」には2種類あるんだ。1つは「文字を読んでもわからないから、聞いても意味がわからない」というもの。読んでわからないものはいくら聞いてもわからない。この場合は、読んでわかる程度に英語力を高めないことには、聞けるようにはならないよ。

　そして、もう1つが「読めばわかるのに、聞くとわからない」ということ。聞いてもわからなかったけれど、英文を確認したら「なんだ、こんな簡単なことだったのか……」とがっかりしたことはないかな？ 悔しいんだよね。この「読めるのに聞けない」というギャップを埋めるには、トレーニングが効果的だよ。ここまで解いた英文を使って、トレーニングしてみよう！

1. 英文と日本語訳を読んで100％理解する。
2. 英文を見ながらCDを聞く（1回）
3. 英文を見ずにCDを聞く（2回：意味を理解すること）
4. 英文を見ながらCDと一緒に声を出す（2回：ピッタリ重ねてみよう）

この5回1セットを朝・晩1セットずつ行うと、単語力・表現力・リスニング力・ストーリーで理解する力が徐々に上がってくるよ。

Part 4

リーディング
文法・語彙問題

Part別学習法

11日目 品詞

12日目 動詞

13日目 代名詞＆関係代名詞

14日目 接続詞＆前置詞

15日目 語彙問題

Part別学習法

出題スタイル、傾向は？

短めの英文を読み、空欄に入る正しい語句を選ぶ問題だ。文法問題と語彙問題が約半分ずつ出題されるよ。

●文法問題

文法問題では、英文が読めるかどうかではなく、文のルールがわかるかどうかが問われている。英文が読めなくても、何となくつながりそうと思ったら、自信を持って選ぼう。

②どんな花を売っているのか、だな

Toyo Florist sells ------- flowers from all over the country.
(A) beauty
(B) beautiful
(C) beautifully
(D) beautify

①beauty 関係の選択肢だ。

③flower を説明できるのは(B)だ！

●語彙問題

語彙問題では、単語の使い方が問われるものが多く、読む力よりも単語の使い方の知識のほうが重視されるよ。また、単語1つの意味がわかるかどうかではなく、フレーズの理解が問われるものが多いのが特徴だ。

When you use the library, please ------- rules.
(A) reach
(B) plan
(C) work
(D) follow

①動詞の語彙問題だ。

②ルールに対して使えるものは……

③ルールに従う、だから(D)だ！

Part 5（読解問題）に十分な時間を残すために、Part 4（文法・語彙問題）は1問平均10〜15秒程度で解答し、5〜8分（できれば5分！）で切り抜けたいパートだ。Part 5には25〜30分残すことを目標にしよう。

Part 4 | 文法・語彙問題 | 30問

攻略のポイント、学習の仕方は？

生徒：5分で解ける気がしないのですが……。
Jay：文法問題や語彙問題は、「知識があるかどうか」を測っているから、時間をかけたからといって正解数が増えるわけじゃないんだ。知らないものはどんなに頑張っても解けないからね。その分、解く練習をすることでどんどん速くなる。もしどうしても時間がかかってしまう場合は、時間を測りながら解答して、5分で解けるようになるまで答え合わせをしないという練習がオススメだよ。答え合わせをしなければ、どれが正解かわからないし、何回も解くにつれてポイントがつかみやすくなってくる。5分で解き終えたら、それまでに解いたものもまとめて答え合わせをしてみるといいよ。それほど正解数は変わっていないことがわかるし、そのままの精度でスピードが速くなったこともわかる。

学習ポイント1：スピード解答の練習を徹底する

生徒：文法と単語の勉強の仕方を教えてください。
Jay：文法は文字どおり「文の法則」がつかめないと理解したことにはならない。法則を理解する方法は1つしかない。基礎を学んで、何度も同じタイプの問題に取り組むことだ。Part 4では「品詞」「動詞」「代名詞」「関係代名詞」「接続詞」「前置詞」を学習するけど、もしわからなかったら、持っている参考書でじっくり確認するといいよ。

　語彙問題は、文法とは違って法則ではなく、一緒に使われるフレーズの理解がポイントなんだ。だから、「submit＝提出する」のように「英語＝日本語」という1対1の覚え方では対応できない。そこで、英文を読むときには、どんな単語と一緒に使われているかを意識して読むようにしよう。たとえばsubmitならa reportのようにね。そうすることで、徐々にこの力がついてくるよ。解説を読むときには設問の空欄に何が入るかを確認するだけではなくて、その文に使われている単語やフレーズをしっかりと学習していこう。

学習ポイント2：文法は「法則」、単語は「フレーズ」を身につける

Part 4 Reading

11日目 品詞

学習した日
1回目 10/14
2回目 /

ポイント！「品詞」とは何かをおさえる

品詞問題は、名詞・動詞・形容詞・副詞の使い方を問うものなんだ。たとえば、以下の日本語を読んで、（　）に入るひらがなを思い浮かべてみよう。
1. 大き（　）建物　　2. 大き（　）育つ　　3. 会場の大き（　）
簡単だったと思う。いずれも「大きい」という単語の語尾を変えればいいんだ。1は「大きい建物」または「大きな建物」、2は「大きく育つ」、そして3が「会場の大きさ」だ。英語でも同じ。品詞問題では、役割による語尾の違いがわかるかどうかが問われるんだ。

サンプル問題　　制限時間 1分

では、例題を解いてみよう。

1. Jack bought some ＿＿＿ flowers at the florist in front of the station.
   (A) beauty
   (B) beautifully
   (C) beautifulness
   (D) beautiful　　Ⓐ Ⓑ Ⓒ Ⓓ

2. The president delivered a ＿＿＿ at the meeting.
   (A) speak
   (B) speaking
   (C) speech
   (D) spoken　　Ⓐ Ⓑ Ⓒ Ⓓ

まず **1問目** から確認してみよう。正解は(D)のbeautiful（美しい）という形容詞だ。これは文法が苦手でも解きやすかったかもしれない。なぜなら、beautiful

94　品詞は語順が命！　意味を取りながら、どのようなつながりかを判断して答えよう！

11日目 品詞 ポイント！

flowerという言い方を知っている人が多いからね。ちなみに、文法的に見てみると、flower(s)は名詞といって、物の名前や概念を示すんだ。その前に置かれて、名詞を説明するものを形容詞という。日本語でも「大きい建物」や「美しい花」のように名詞の前に置かれるから語順は一緒だよ。
（訳：ジャックは駅前の花屋で美しい花をいくつか買った）

なお、形容詞は語尾で判断できるものが多いんだ。
・形容詞の語尾の例

-ful	beautiful scenery（美しい景色） successful employee（成功している社員）
-ant/ent	important document（重要な資料）　convenient place（便利な場所）
-able/ible	possible solution（可能な解決法）　comfortable chair（快適な椅子）
-sive/tive	positive opinion（肯定的な意見）　impressive speech（印象的な演説）
-ous	famous author（有名な著者）　various colors（様々な色）
-al	international company（国際的な会社）　financial situation（お金の状況）
-ic	economic policy（経済の方針）　specific information（特定の情報）

2問目は、aの後ろに入る単語が問われているよ。a house とか、a building のようにaやtheの後ろや、your/his のような代名詞の所有格の後ろには名詞と呼ばれるものが来るんだ。正解は(C)のspeech（スピーチ）だ。ちなみに、a/the/代名詞の所有格の直後に名詞が来るとは限らないから気をつけよう。たとえば、a long speech（長いスピーチ）とか、the beautiful flower（その美しい花）のように名詞の前に形容詞が置かれることもあるからね。ここは空欄の前後をしっかり読んでチェックしよう。
（訳：社長は会議でスピーチをした）

名詞も語尾で判断できるものがあるよ。
・名詞の語尾の例

-tion/sion	location（場所）　decision（決定）
-ment	development（発展、開発）　agreement（同意）
-ness	clearness（明快さ）　sharpness（するどさ）
-ance/ence	importance（重要さ）　convenience（便利さ）
-ability/ibility	capability（能力、可能性）　possibility（可能性）

✓ Check!

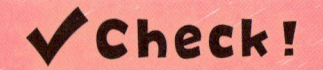

品詞をマスターするためのまとめとトレーニングだよ。

副詞は名詞以外を説明する品詞で、基本的に語尾に -ly がついている。

例1：Visiting Kyoto is <u>strongly</u> recommended.**（受動態の真ん中に置いて動詞（過去分詞）を修飾）**

（京都に行くことが強くオススメされる）

例2：Nancy eats lunch <u>quickly</u>. **（目的語の後ろに置いて動詞を修飾）**

（ナンシーは素早くランチを食べる）

例3：I <u>usually</u> watch movies on Sundays.
（主語と動詞の間に置いて動詞を修飾）

（私は日曜日にたいてい映画を見る）

最終手段として、よくわからなかった場合は副詞を選ぶっていう手もあるね。

なお、副詞から -ly を取ると形容詞になることも知っておこう。

strongly → strong / quickly → quick / usually → usual

1 品詞をマスター！

以下のフレーズを完成させるために、適切な語を選んでください。

1. your (introduce / introduction)
2. a (fame / famous / famously) person
3. This movie is (interesting / interest / interestingly).
4. Mr. Watanabe speaks (slow / slowly).
5. The title was (official / officially) announced.
6. the (promotional / promotion) of the book
7. (various / variety) products
8. This sofa is (comfortable / comfortably).
9. Our method is (wide / widely) accepted.
10. repair my car (quick / quickly / quickness)

解答＋解説

1

1. your **introduction**
（あなたの紹介）

2. a **famous** person（有名な人）

3. This movie is **interesting**.
（この映画は興味深い／面白い）

4. Mr. Watanabe speaks **slowly**.
（ワタナベ氏はゆっくり話す）

5. The title was **officially** announced.
（タイトルが公式に発表された）

アドバイス

1

1. 代名詞の所有格yourの後ろに来るものは、your nameやyour bagのように名詞。-tionがついているintroduction（紹介）が名詞。introduce（紹介する）は動詞。

2. aの後ろには名詞が来るが、直後とは限らない。カッコの後ろに名詞personがあるため、この名詞を修飾する形容詞が入る。-ousで終わっているfamous（有名な）が正解。fame（名声）は名詞。famously（よく知られているように）は副詞。

3. Be動詞の後ろに来るものが問われている。主語のmovie（映画）を説明する形容詞interesting（興味深い）が正解。なお、これは語尾で判断できないため、知識が必要。This flower is beautiful.と同じ構造。interest（興味）は名詞、interestingly（興味深く）は副詞。

4. 動詞speaksに続くものは「どんなふうに話すか」を説明する副詞。正解はslowly（ゆっくり）。なお、speakは後ろに名詞が続くこともあるが、EnglishやJapaneseなどの言語の場合のみ。slow（遅い）は形容詞。

5. was announced（発表された）という受動態の真ん中に入るのは、動詞（過去分詞）を説明する副詞officially（公式に）。official（公式の）は形容詞のため、official announcement（公式の発表）のように形容詞＋名詞で使う。

解答＋解説

6. the **promotion** of the book
（本の宣伝）

7. **various** products
（様々な製品）

8. This sofa is **comfortable**.
（このソファは快適である）

9. Our method is **widely** accepted.
（私たちの方法は広く受け入れられている）

10. repair my car **quickly**
（私の車を素早く修理する）

アドバイス

6. the ------ of〜となる場合、前置詞の前で意味が切れる。そのため、theの後ろに入るものが求められている。a/theの後ろに来るのは -tion がつく名詞 promotion（販売促進、宣伝）。-al で終わる promotional（販売促進のための）は形容詞。

7. 名詞 products（製品）の前に置かれるのは、形容詞。-ous で終わる various（様々な）が正解。2番と同じパターン。variety（種類）は名詞。

8. 3番と同じく、主語の性質を表す形容詞が入る。-able で終わる形容詞 comfortable（快適な）が正解。comfortably（快適に）は副詞。

9. is accepted（受け入れられている）という受動態の真ん中に入るものが問われているため、5番と同じタイプの問題。動詞（過去分詞）accepted を「どんな風に」と意味を追加する副詞 widely（幅広く）が適切。wide（広い）は形容詞。

10. repair my car（私の車を修理する）に対して、「どんなふうに修理するか」を示すものが入る。4番のタイプの応用となり、動詞を説明する副詞 quickly（素早く）が正解。quick は形容詞、quickness（早さ）は名詞。

力だめし！

出題形式に沿った問題だ。実践で力を発揮できるか、やってみよう！

空欄に当てはまる語彙をA～Dの中から選びましょう。

制限時間 **1分**

□□ 1. Grand Square Ltd. manufactures a wide ------- of products.
   (A) various
   (B) vary
   (C) variously
   (D) variety

□□ 2. JNE Airlines has a reputation for offering every passenger a ------- flight.
   (A) comfort
   (B) comfortable
   (C) comfortably
   (D) comforted

□□ 3. The Municipal Library is ------- located in the center of the city.
   (A) convenience
   (B) convenient
   (C) conveniently
   (D) conveniences

□□ 4. Professor Lee explained the grading criteria -------.
   (A) clearness
   (B) clear
   (C) clarify
   (D) clearly

解答＋解説

1. [D] 難易度 ★★★

Grand Square Ltd. manufactures a wide **variety** of products.
（グランドスクエア社は、様々な種類の製品を製造しています）

解説 後ろが前置詞ofのため、この前で一度意味が切れる。よって、前の形容詞wide（幅広い）が説明する名詞(D) variety（種類）が正解。(A) various（様々な）は形容詞、(B) vary（変わる）は動詞、(C) variously（様々に）は副詞。

2. [B] 難易度 ★★★

JNE Airlines has a reputation for offering every passenger a **comfortable** flight.（JNE航空はすべての乗客に快適なフライトを提供することで評判です）

解説 前がa、後ろが名詞flightである。「どんなフライトか」を説明する形容詞(B) comfortable（快適な）が正解。(A) comfort（快適さ、和らげる）は名詞または動詞、(C) comfortably（快適に）は副詞、(D) comforted（慰められた）は動詞（過去分詞）。

3. [C] 難易度 ★★★

The Municipal Library is **conveniently** located in the center of the city.
（市立図書館は、市内の中心部の便利な場所に位置しています）

解説 is locatedという受動態の真ん中に入る語を問われているため、動詞（過去分詞）locatedを「どんなふうに」と説明するものが入る。動詞（過去分詞）を説明するものは副詞のため、正解は(C) conveniently（便利（な場所）に）。(A) convenience（便利）は名詞、(B) convenient（便利な）は形容詞、conveniences（便利（複数形））は名詞。

4. [D] 難易度 ★★★

Professor Lee explained the grading criteria **clearly**.
（リー教授は成績の採点基準をはっきりと説明しました）

解説 文の最後に入る語を問われている。意味を考えてみよう。explained（説明した）の目的語がgrading criteriaである。これは「成績の採点基準」のこと。そして、「どんな風に説明したか」という空欄部分へと続いている。動詞（過去分詞）explainedを説明するのは副詞(D) clearly（はっきりと）である。(A) clearness（明快さ）は名詞、(B) clear（はっきりした）は形容詞、そして(C) clarify（明確にする）は動詞である。

Part 4 Reading

12日目 動詞

学習した日
1回目 10/16
2回目 /

ポイント！ 「動詞」の変化をおさえる

動詞問題では、時制（過去形や現在完了形など）や態（能動態と受動態）、さらに不定詞や動名詞などの知識が問われる。どういうものかをつかむために、以下の日本語を読んで、（　　）の動詞を適切な形にしてみよう。

1. 私は昨日本を（読む）　2. 壁にペンキが（塗る）。　3. 映画を（見る）が好きです。

日本語だと簡単だね。これがネイティブのすごさだよ。でも、ちょっとじっくり考えてみよう。1は「昨日」という過去の話だから、動詞は「読んだ」と過去形になる。これが時制問題だ。2は「ペンキ」が主語だから「塗る」ではなく、「塗られる、塗られた」のように受け身になるね。これが態。そして3は「〜が」という主語の一部になっているから、動詞「見る」は「見ること」という動名詞になるんだ。テストにもこのような動詞の形を問うものが出題されるよ。

✂ サンプル問題　　　　　　　　　　　　　制限時間 30秒

では、例題を解いてみよう。

1. More than 200 people ＿＿＿ in the educational conference last week.
   (A) participate
   (B) will participate
   (C) have participated
   (D) participated

Ⓐ Ⓑ Ⓒ Ⓓ

101

2. The problem with the copy machine must ＿＿ quickly because we need to use it tomorrow.
(A) solve
(B) be solved
(C) have solved
(D) be solving

Ⓐ Ⓑ Ⓒ Ⓓ

では、確認しよう。まず 1問目。選択肢が(A)現在形、(B)未来形、(C)現在完了形、(D)過去形と並んでいるから時制問題だね。本文の最後にある last week というキーワードに気づいたかな。「先週」のことだから正解は過去形の(D) participated だね。
(訳：200人以上が、先週の教育会議に参加した)
他の選択肢が正答になる例も見ていこう。まず、キーワードが every week（毎週）など習慣的なものなら(A)の現在形 participate が入る。

More than 200 people **participate** in the educational conference **every week**.
(訳：200人以上が、毎週の教育会議に参加する。)

そして、next week のように未来の内容だったら、(B)の will participate になる。

More than 200 people **will participate** in the educational conference **next week**.
(訳：200人以上が、来週の教育会議に参加するだろう)

やっかいなのは、(C)の現在完了形だ。現在完了形というのは、過去に起こったことが現在も続いていたり、現在にも影響を及ぼしていたりするときに使われるんだ。たとえば、2年にわたって200人以上が参加している場合、これは2年前に始まって今もそう、ということなので、現在が基準となる。have を使って、どんな動作が続いているのかを示す動詞は過去分詞 participated になるんだ。その場合のキーワードは **for two years** だ。

12日目 動詞 ポイント！

More than 200 people **have participated** in the educational conference **for two years**.
(訳：200人以上が、2年にわたって教育会議に参加している)

2問目は、主語がその動作を行うときに使われる能動態と、主語が動作を受けるときに使われる受動態が並んでいるよ。ということは、まずは主語を見る必要がある。

主語はproblem（問題）だ。選択肢のsolveは「解決する」という意味だよね。つまり、問題は解決する側かされる側か、がポイントだ。日本語では「問題が解決する」と言えるけれど、「問題」が「解決する」という動作を行うわけではないよね。「問題」は「解決される側」だ。ということは、「解決する」という動作を受ける側のため、正解は(B) be solvedという受動態なんだ。
学校のテストでは「byがあるから受動態」という知識で解けるものが多いけど、実際にはby〜という動作主がつかないことも多いということも覚えておこう。
(訳：私たちは明日、コピー機を使う必要があるため、その問題は早く解決されなければならない)

日本語に訳すと混乱してしまう場合は、主語が動作を行うかどうかだけで意味を取ろう。

   修理工 修理 ➡ 何を？（コピー機）
- A mechanic repaired the photocopier this morning.

   コピー機 ⬅ 修理 誰によって？（修理工）
- The photocopier was repaired (by a mechanic) this morning.

✔ Check!

動詞をマスターするためのまとめとトレーニングだよ。

1 時制をマスター！

キーワードを読み、時制を特定してください。過去形の場合は「過」、未来形の場合は「未」、現在完了形の場合は「現完」と記入してください。

1. yesterday （　　）　　2. in the future （　　）
3. after I come back （　　）　　4. when he arrived at the office （　　）
5. for the past three weeks （　　）　　6. since I joined the company （　　）

2 能動態と受動態をマスター！

次の日本語を読み、主語と動詞の関係が能動態（主語が動作を行う）であれば主語と動詞の間の（　　）に➡を、主語と動詞の関係が受動態（主語が動作を受ける）であれば、（　　）に⬅を書き込んでください。また、英文の正しいほうに○をつけてください。

例1：問題（ ⬅ ）解決する　　例2：私たち（ ➡ ）解決する
The problem (solved / (was solved))　We ((solved) / was solved) the problem.

1. ジョニー・デップ（　　）演じる
   Johnny Depp (played / was played) a pirate in *Pirates of the Caribbean*.

2. 海賊（　　）演じる
   A pirate (played / was played) by Johnny Depp in *Pirates of the Caribbean*.

3. 人々（　　）飲む
   People (drink / are drunk) coffee all over the world.

4. コーヒー（　　）飲む
   Coffee (drinks / is drunk) all over the world.

12日目 動詞 Check!

解答＋解説

1
1. 過（訳：昨日）
2. 未（訳：未来に）
3. 未（訳：私が戻ってきた後）
4. 過（訳：彼が事務所に到着したとき）
5. 現完（訳：過去3週間にわたって）
6. 現完（訳：入社して以来）

2
1. ジョニー・デップ（➡）演じる
Johnny Depp **played** a pirate in *Pirates of the Caribbean.*
（ジョニー・デップはパイレーツ・オブ・カリビアンで海賊を演じた）

2. 海賊（⬅）演じる
A pirate **was played** by Johnny Depp in *Pirates of the Caribbean.*
（パイレーツ・オブ・カリビアンで、海賊はジョニー・デップによって演じられた）

3. 人々（➡）飲む
People **drink** coffee all over the world.
（人々は世界中でコーヒーを飲んでいる）

4. コーヒー（⬅）飲む
Coffee **is drunk** all over the world.
（コーヒーは世界中で飲まれている）

アドバイス

主語と動詞の意味の関係のほか、動詞の後ろに「何を？」という名詞が続いていたら、基本的には能動態になるよ。

1
1. yesterdayのほか、last week、two years agoなども過去形。
2. next yearやupcoming event（今度のイベント）も未来。
3. 接続詞afterのあとは現在形だが、戻ってくるのは未来であるため。
4. 接続詞whenのあとの動詞が過去形arrivedのため、過去の話である。
5. forが期間を指すため、過去に始まって今も続いていることを示している。over the past three yearsという表現もある。
6. sinceは過去の基準を示し、「そこからずっと」という継続を表すため完了形が使われる。

2
1. 動詞の後ろに目的語のpirate（海賊）があるため、動詞は能動態（～を演じた）と考える。
2. 海賊が何かを演じることもできるが、動詞の後ろにby～と動作主があるため受動態。
3. 人々が飲むという動作を受けることはないほか、後ろに目的語のcoffeeが続いているため能動態。
4. コーヒーは「飲む」という動作を受けるほか、drinkの後ろに「何を飲むか」がないため受動態と考えてもよい。

力だめし！

出題形式に沿った問題だ。実践で力を発揮できるか、やってみよう！

空欄に当てはまる語彙をA～Dの中から選びましょう。　制限時間 2分

1. The manager _____ some information about the upcoming convention by tomorrow.
   (A) received
   (B) has received
   (C) will receive
   (D) receiving　Ⓐ Ⓑ Ⓒ Ⓓ

2. Hotel rooms _____ for two nights for a group of tourists.
   (A) were reserving
   (B) reserved
   (C) reserving
   (D) were reserved　Ⓐ Ⓑ Ⓒ Ⓓ

3. Mr. Yasui _____ a new house when he moved to Kagoshima.
   (A) buys
   (B) bought
   (C) will buy
   (D) has bought　Ⓐ Ⓑ Ⓒ Ⓓ

4. Gonz Restaurant _____ traditional Mexican food for over twenty years.
   (A) serves
   (B) is serving
   (C) has been served
   (D) has served　Ⓐ Ⓑ Ⓒ Ⓓ

動詞は感覚で解こうとすると、どれも正解に見えてしまう。ポイントを細かくチェックしよう！

解答＋解説

1. [C] 難易度 ★☆☆

The manager **will receive** some information about the upcoming convention by tomorrow.（マネジャーは明日までに今度の会議に関する情報を受け取る）

解説 選択肢には時制が異なる動詞が並んでいるため、時制問題と判断する。キーワードby tomorrow（明日までに）があるため情報を受け取るのは未来となり、(C) will receiveが正解。

2. [D] 難易度 ★★☆

Hotel rooms **were reserved** for two nights for a group of tourists.
（ホテルの部屋が観光客のグループのために2泊分予約された）

解説 能動態と受動態が混ざっている選択肢。主語と動詞の意味の関係に注意しよう。「部屋」と「予約」の関係は、「部屋←予約」である。よって、受動態である(D)が正解。for two nights以降は細かい情報のため、解答の際は無視してよい。

3. [B] 難易度 ★★☆

Mr. Yasui **bought** a new house when he moved to Kagoshima.
（安井氏は鹿児島に引っ越したときに新しい家を買った）

解説 選択肢には異なる時制が並んでいる。家を買うことに関して、接続詞の後でhe movedと「引っ越してきたとき」と過去の時点の話をしている。よって、すでに買ったことを示す過去形(B)が正解。

4. [D] 難易度 ★★★

Gonz Restaurant **has served** traditional Mexican food for over twenty years.（ゴンズ・レストランは、20年以上にわたって伝統的なメキシコ料理を提供している）

解説 時制と態が混ざった選択肢。これは迷う受験者も出てくるはず。時制のキーワードはfor over twenty years（20年以上にわたり）。よって、現在完了形が入る。レストランと「提供する」の関係がポイント。後ろに「伝統的なメキシコ料理」とあることからも「レストラン➡提供する➡料理」という能動態が適切。

Part 4 Reading

13日目 代名詞＆関係代名詞

学習した日
1回目 10/16
2回目　 /

> **ポイント！**「代名詞」と「関係代名詞」とは何かをおさえる

代名詞とは、名詞の代わりに使われるもので I, my, me, mine などがあったね。この使い方が問われるのが代名詞問題だ。語順をヒントに解けるものと、意味を理解しないと解けないものがあるよ。関係代名詞は、代名詞という名前がついているけど、代名詞とはちょっと違うんだ。基本的に直前の名詞の説明を続けるときにつける接着剤のようなものだと覚えておこう。

サンプル問題　制限時間 30秒

では、例題を解いてみよう。

1. George lives in an apartment with _____ brother.
   (A) he
   (B) him
   (C) his
   (D) himself
   　Ⓐ Ⓑ Ⓒ Ⓓ

2. Students _____ want to join the music class must talk to Professor Lee.
   (A) what
   (B) whose
   (C) who
   (D) which
   　Ⓐ Ⓑ Ⓒ Ⓓ

では、確認しよう。まず 1問目。選択肢を見ると代名詞が並んでいるね。「彼」に関する代名詞の使い方が問われていることがわかるかな。これは語順をヒントに解く問題だ。

空欄の前後を見ると、with _____ brother（_____ 弟と一緒に）とある。

108　代名詞は形と意味で判断するものに分かれる。♪

13日目 代名詞＆関係代名詞 ポイント！

一緒に住んでいるのは「彼の」弟、ということになる。この「彼の」を示すのが(C)のhisだということを覚えているかな。(A)のheは主語として、He is a student.（彼は学生です）のように使われる。(B)のhimはI met him.（私は彼に会った）やI talked with him.（私は彼と話した）のように目的語として使われるよ。さらに(D)はGeorge introduced himself.（ジョージは自分自身を紹介（自己紹介）した）やGeorge lives by himself.（ジョージは自分自身（ひとり）で住んでいる）のように使われることを覚えておこう。
（訳：ジョージは弟と一緒にアパートに住んでいる）

2問目は、関係代名詞問題だ。関係代名詞は前の名詞に説明を加えるための接着剤だ。まずは構文を確認してみよう。

Students（........ want to join the music class） must talk to Professor Lee.
　主語　　　　　　　　　　　　　　　　　　　　　　　　　　動詞

このStudentsを説明するための関係代名詞が問われているよ。（　）内の説明を見ると「音楽のクラスに参加したい」だね。つまり、「学生」（どんな人かというと）「音楽のクラスに参加したい」というつながりになる。
空欄を飛ばして読んでみると、Students（want to join the music class）というふうに関係代名詞を使って説明を加える対象の名詞Students（この名詞を文法用語では先行詞というよ）と関係代名詞に続くwantの関係は主語と動詞だよね。この場合、名詞が人であればwho、名詞が物であればwhichかthatとなるんだ。そうすると、Studentsは人だから、正解は(C)のwhoだね。
（訳：音楽のクラスに参加したい生徒は、リー教授と話さなくてはいけない）

なお、whoseは名詞と関係詞の後ろの関係が「○○の△△」という所有の関係になるときに使われるんだ。たとえば、company whose product is popular（製品が人気の会社）のように「companyのproduct」という関係になるよね。

それから、whatは「名詞＋関係代名詞」をまとめた形で、次のように使われるよ。
I know what George likes.（私はジョージが好きなものを知っています）
これはちょっとわかりにくいかもしれないけど、I know the thing which(that) George likes.のthe thing which(that)の部分をwhatで言い換えることもできるんだ。

✔ Check！

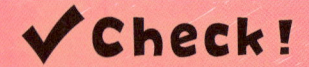

代名詞・関係代名詞をマスターするためのトレーニングだよ。

1 代名詞をマスター！

[　　] の代名詞を必要があれば適切な形に変えて空欄に書き込んでください。変化しない場合もあります。

1. _____ office
   [them]

2. contact _____
   [our]

3. meet _____ clients
   [we]

4. _____ sent a report.
   [He]

5. did _____ homework
   [she]

6. Please give ____ to ____.
   [it]　　[my]

2 関係代名詞をマスター！

(　　) の中の関係代名詞のうち、適切なほうを選んでください。

1. Richard works for a company (which / whose) develops electric cars.

2. Anne is looking for an apartment (who / which) is located near the station.

3. We will discount the items (which / whose) prices are higher than those at other stores.

4. (Which / What) I like about this printer is its speed.

解答＋解説

1

1. their office（彼らの事務所）
名詞 office を説明する所有格 their（彼らの）が適切。

2. contact us（私たちに連絡する）
動詞 contact（連絡する）の目的語のため、目的格 us が適切。

3. meet our clients（私たちの顧客に会う）
動詞 meet の目的語の一部で、名詞 clients を説明する所有格 our が適切。

4. He sent a report.（彼はレポートを送った）
動詞 sent の前には主語が入るため、主格 He のままが適切。

5. did her homework（彼女の宿題をした）
動詞 did の目的語の一部で、名詞 homework を説明する所有格 her が適切。

6. Please give it to me.（それを私にください）
動詞の目的語なので it はそのまま、前置詞の目的語は my ではなく me となる。

2

1. Richard works for a company which develops electric cars.（リチャードは電気自動車を開発する会社で働いている）

2. Anne is looking for an apartment which is located near the station.（アンは駅の近くに位置するアパートを探している）

3. We will discount the items whose prices are higher than those at other stores.（私たちは他の店の商品よりも価格が高い商品を割引します）

4. What I like about this printer is its speed.（このプリンターについて好きなものはスピードだ）

アドバイス

1

主格 （〜は）	所有格 （〜の）	目的格 （〜を/に）
I	my	me
you	your	you
he/she/it	his/her/its	him/her/it
we	our	us
you	your	you
they	their	them

2

1. 名詞 company の説明を加える関係代名詞を選ぶ。動詞 develops が続いているため、主語と動詞をつなぐ際に使う which が適切。
2. 名詞 apartment を説明し、後ろに動詞が続く関係代名詞は who と which。apartment は物のため、which が適切。
3. 名詞 items を説明。後ろに prices are higher（価格が〜より高い）と続いている。「items の prices」という関係となるため、whose が適切。
4. I like about this printer までが主語となる名詞であるため、この名詞のカタマリを作る What が適切。

力だめし！

出題形式に沿った問題だ。実践で力を発揮できるか、やってみよう！

空欄に当てはまる語彙をA～Dの中から選びましょう。

制限時間 **1分**

1. If you have any questions, please contact ------- staff by phone or by e-mail.
   (A) us
   (B) we
   (C) our
   (D) ourselves

　Ⓐ Ⓑ Ⓒ Ⓓ

2. After I finish writing the letters, I will take ------- to the post office.
   (A) it
   (B) them
   (C) me
   (D) that

　Ⓐ Ⓑ Ⓒ Ⓓ

3. The furniture store ------- opened last week is now having a discount sale.
   (A) what
   (B) which
   (C) who
   (D) whose

　Ⓐ Ⓑ Ⓒ Ⓓ

4. Tomorrow's medical checkup is for students ------- numbers are from 201 to 299.
   (A) who
   (B) that
   (C) what
   (D) whose

　Ⓐ Ⓑ Ⓒ Ⓓ

112

13日目 代名詞&関係代名詞 力だめし！

解答＋解説

1. [C] 難易度 ★★☆

If you have any questions, please contact **our** staff by phone or by e-mail.
（質問がある場合は、電話かメールで私たちのスタッフにご連絡ください）

解説 代名詞の問題。weに関する代名詞のため、形がポイント。動詞contactの目的語の一部で、名詞staffを説明する代名詞は所有格の(C) our。

2. [B] 難易度 ★★★

After I finish writing the letters, I will take **them** to the post office.
（私は手紙を書き終えたあと、郵便局に持っていきます）

解説 代名詞の問題だが、すべて同じ格のためどの名詞を指すかを読み取る必要がある。前半が「手紙を書き終えたあと」、後半が「郵便局へ持っていく」である。郵便局に持っていくのは、書き終えた手紙であることがわかるため、lettersという複数形の物を指す(B) themが正解。

3. [B] 難易度 ★★☆

The furniture store **which** opened last week is now having a discount sale.（先週開店した家具店は、現在割引セールを提供しています）

解説 関係代名詞の問題。名詞furniture store（家具店）と直後のopened（開店した）をつなぐのは物に対して主語＋動詞の関係を示す(B) which。

4. [D] 難易度 ★★★

Tomorrow's medical checkup is for students **whose** numbers are from 201 to 299.（明日の健康診断は、番号が201から299までの学生です）

解説 関係代名詞の問題。名詞studentsと直後のnumbers are from…to…（〜から〜までの数字）をつなぐのは、「studentsのnumbers（学生の番号）」という意味の関係になるため、正解は(D) whose。

Part 4 Reading

14日目 接続詞&前置詞

学習した日
1回目 10/18
2回目　　/

> **ポイント!**　「接続詞」と「前置詞」とは何かをおさえる

接続詞には「AとB」や「AまたはB」のように2つをつなぐ役割を持つものや、「〜なので」や「〜にもかかわらず」など、2つの内容の論理展開を示すものがある。

以下の（　　）に適切な日本語を入れてみよう。

1. 私は昨日、疲れていた（　　　　　　）、帰宅後に一生懸命勉強した。
2. 悪天候（　　　　）、電車が大幅に遅れている。

①は「疲れていた」と「一生懸命勉強した」をつなぐのは、「疲れていたが」や「疲れていたけど」のように逆の内容をつなぐものだよね。②は「悪天候」と「遅れている」という論理展開を示すのは「悪天候のため」という理由と結果を表すもの。このタイプの問題もよく出題されるんだ。

サンプル問題　制限時間 30秒

では、例題を解いてみよう。

1. Please bring your profile sheet .... student card to the Student Center by 5:00 P.M. tomorrow.

    (A) while
    (B) and
    (C) but
    (D) during

    Ⓐ Ⓑ Ⓒ Ⓓ

2. _____ Jack plans to go to Singapore, he needs to renew his passport.
　(A) Despite
　(B) Although
　(C) Because
　(D) Due to

どうだったかな。まず**1問目**。
(A) while（～の間）：接続詞
(B) and（～と）：接続詞
(C) but（しかし、～だが）：接続詞
(D) during（～の間）：前置詞

> 意味と形の知識も必要になるから、後で学習するよ。

本文を読むと、bringしてほしいものがyour profile sheetとある。空欄に続くのはstudent cardだね。このカードも持ってきてほしいものだとわかったかな。そうすると、「AとBを持ってきてください」という意味になるため、2つの情報をつなぐ(B) andが正解。（訳：明日の午後5時までに、自己紹介シートと学生証を学生センターに持ってきてください）

2問目は少し難易度が上がるよ。
(A) Despite（～にもかかわらず）：前置詞
(B) Although（～にもかかわらず）：接続詞
(C) Because（～なので）：接続詞
(D) Due to（～なので）：前置詞

> ざっくり言うと、(A)と(B)が同じ意味。(C)と(D)が同じ意味だね。

このタイプの問題は空欄後からカンマまでの意味と、その後ろに続く意味を関連させないと解けないんだ。まず空欄後からカンマまでを読むと「ジャックがシンガポールに行くことを計画している」、そしてその後ろが「パスポートを更新する必要がある」だ。旅行に行くからパスポートを更新するんだね。理由を意味するのは(C)と(D)。違いは接続詞か前置詞かってことなんだ。空欄の後ろにはJack plans…と主語＋動詞が続いている。この形を取れるのは接続詞に限られるから、(C) Becauseが正解だ。
（訳：ジャックはシンガポールへ行くことを計画しているので、パスポートを更新する必要がある）

●接続詞・前置詞を攻略しよう

接続詞というのは、後ろに主語＋動詞を取るんだ。たとえば、下の表でいうとbecauseが一番わかりやすいと思う。Because it is raining, I will stay home today.といえば、学校をサボっている怠け者っぽいけど、まぁ、そこは無視しよう。意味は「雨が降っているので、今日は家にいる」だよね。もしここに前置詞Because ofを使いたいのであれば、後ろは名詞句（名詞のカタマリ）にしないといけないんだ。そうすると、Because of the rain, I will stay home today.（雨のため、今日は家にいる）となる。意味は同じだけど、形が変わっていることに注意しよう。なお、I will stay home today because it is raining / because of the rain.のように接続詞・前置詞のカタマリを置く順番を入れ替えることも可能だ。

基本的な接続詞と前置詞を載せておくよ。このあとの問題にも出てくるから覚えておこう！

	接続詞＋（主語＋動詞）	前置詞＋（名詞句）
〜にもかかわらず〜だけど	although even though	despite in spite of
〜なので〜だから	because	because of due to
〜の間に	while	during

●相方とセットで使われる接続詞and / but / or / so

鶴といえば、亀。松ちゃんといえば、浜ちゃん。こんなふうにセットになっているものってあるよね。接続詞にもセットで使われるものがある。以下の「相方4セット」はしっかり覚えておこう。

both A **and** B（AとBの両方とも）
either A **or** B（AまたはBのどちらか）
neither A **nor** B（AもBも〜ない）
not only A **but also** B（AだけでなくBも＝AとBの両方とも）

✓Check!

接続詞・前置詞をマスターするためのトレーニングだよ。

1 形で判断しよう！

正しい接続詞または前置詞を選んでください。

1. Doraemon will lend Nobita either Dokodemo Door (or / and) Small Light.

2. (Although / Despite) it was raining this morning, Nakajima-kun asked Katsuo to play baseball together.

3. Many celebrities go to Hawaii (while / during) the New Year's break.

2 意味で判断しよう！

正しい接続詞または前置詞を選んでください。

1. (Even though / Because) Brazil is strong, it will win a World Cup in the near future again.

2. (Despite / Due to) the lack of time, Santa Claus was able to distribute presents on time.

3. The game was over (while / although) I was sleeping.

解答 ＋ 解説

1

1. Doraemon will lend Nobita either Dokodemo Door **or** Small Light.
（ドラえもんはのび太にどこでもドアかスモールライトのどちらかを貸す）

2. **Although** it was raining this morning, Nakajima-kun asked Katsuo to play baseball together.
（今朝は大雨が降っていたにもかかわらず、ナカジマ君はカツオを野球に誘った）

3. Many celebrities go to Hawaii **during** the New Year's break.
（たくさんの有名人が正月休み中にハワイへ行く）

2

1. **Because** Brazil is strong, it will win a World Cup in the near future again.
（ブラジルは強いので、近い将来にまたワールドカップで優勝するだろう）

2. **Despite** the lack of time, Santa Claus was able to distribute presents on time.（時間不足にもかかわらず、サンタクロースは時間どおりにプレゼントを配ることができた）

3. The game was over **while** I was sleeping.
（私が寝ている間に試合は終わった）

アドバイス

1

1. ポイントはeither。その相方がor。ラクに解けたかな。これで、「どこでもドアかスモールライトのどちらか」を意味する。

2. カンマまでの構造が主語＋動詞となっているのがポイント。後ろに主語＋動詞をしたがえるのは接続詞Althoughだったね。

3. 後ろがthe New Year's break（正月休み）という名詞のため、前置詞duringが適切。期間のあるものが入るよ。whileの後ろは動作中や状態を表す主語＋動詞が入るんだ。

2

1. 両方とも接続詞。「ブラジルは強い」と「ワールドカップで優勝する」の関係は「理由」。よって、Becauseが正解。Even thoughは「〜にもかかわらず」。

2. 両方とも前置詞。「時間の不足」と「時間どおりにプレゼントを配れた」の関係は「逆接」。正解はDespite。さすが、サンタクロース！ Due toは「〜なので」。

3. 両方とも接続詞。「試合が終わった」と「寝ていた」の関係は、「寝ている間に」という動作中の出来事。althoughは「〜にもかかわらず」。

14日目 接続詞＆前置詞 力だめし！

出題形式に沿った問題だ。実践で力を発揮できるか、やってみよう！

空欄に当てはまる語彙をA～Dの中から選びましょう。　　制限時間 **1分**

☐☐ **1.** Most of the students from Korea can speak both English .... Japanese fluently.
 (A) but
 (B) and
 (C) or
 (D) so　　　　　　　　　　　　　　　Ⓐ Ⓑ Ⓒ Ⓓ

☐☐ **2.** The technician spent all day, ... he was not able to find any cause of the electric problem.
 (A) so
 (B) more
 (C) but
 (D) like　　　　　　　　　　　　　　Ⓐ Ⓑ Ⓒ Ⓓ

☐☐ **3.** Please do not enter the theater .... the show.
 (A) during
 (B) while
 (C) due to
 (D) until　　　　　　　　　　　　　Ⓐ Ⓑ Ⓒ Ⓓ

☑☐ **4.** Paul recorded the highest sales this month .... he worked fewer hours than last month.
 (A) despite
 (B) even
 (C) also
 (D) although　　　　　　　　　　　Ⓐ Ⓑ Ⓒ Ⓓ

解答＋解説

1. [B] 難易度 ★★★

Most of the students from Korea can speak both English **and** Japanese fluently.（韓国出身のほとんどの学生は英語と日本語の両方を流暢に話すことができる）

解説 選択肢には接続詞が並んでいる。本文を見るとbothがあるため、その相方を選ぶ。正解は(B) and。素早く正確に解きたい問題だ。

2. [C] 難易度 ★★★

The technician spent all day, **but** he was not able to find any cause of the electric problem.（技術者は丸1日を費やしたが、電気の問題の原因を見つけることができなかった）

解説 1番と似た選択肢だけど、相方がいないため本文を読んで意味をチェックしよう。前半が「技術者が丸1日を費やした」、後半が「問題の原因を見つけられなかった」。これをつなぐ役割として適切なのは(C) but。

3. [A] 難易度 ★★★

Please do not enter the theater **during** the show.
（ショーの間に劇場に入らないでください）

解説 接続詞と前置詞が混在している選択肢。空欄の後ろを見ると、the showという名詞が続いているため、空欄には前置詞が入る。意味を取り、「劇場に入るな」と「ショー」をつなぐ前置詞として正しいものは(A) during（〜の間）。上演中に入ってくると、急に現実に戻されて迷惑だからね。

4. [D] 難易度 ★★★

Paul recorded the highest sales this month **although** he worked fewer hours than last month.（ポールは先月よりも少ない時間しか働いていないにもかかわらず、今月は最高の売上を記録した）

解説 主に接続詞と前置詞が並ぶ選択肢。空欄の後ろは主語＋動詞（he worked）のため、空欄には接続詞が入る。意味を取ると、前半が「今月最高の売上を記録した」、後半が「先月よりも少ない時間働いた」である。意味が逆のため、正解は(D) although（〜にもかかわらず）。できる男だねぇ、ポールは。

Part 4 Reading

15日目 語彙問題

学習した日
1回目 10/18
2回目 /

ポイント！　「語彙問題」の解き方をおさえる

語彙問題は、単語力だけでなく、その単語がどのように使われるかという知識まで求められるんだ。たとえば、「ぐっすり」という単語はどんな単語とセットで使われるかな？　そう、「眠る」だよね。「眠る」という単語を知っていても、それが「ぐっすり」とセットで使われるという、単語の使い方がわからないと解けないんだ。語彙問題には、いわゆる単語やフレーズの知識を問うものと、前置詞の使い方を問うものがあるよ。

サンプル問題

制限時間 **1分30秒**

では、例題を解いてみよう。

1. After you finish writing the report, please ------- it to Professor Newman.
   (A) contact   (B) research
   (C) submit   (D) meet   Ⓐ Ⓑ Ⓒ Ⓓ

2. All of the students studied hard, which resulted in a ------- increase in their test scores.
   (A) light   (B) sharp
   (C) clean   (D) remote   Ⓐ Ⓑ Ⓒ Ⓓ

3. The science class starts ------- 9:00 A.M every Thursday.
   (A) on   (B) until
   (C) for   (D) at   Ⓐ Ⓑ Ⓒ Ⓓ

文法問題とはまたちょっと違うよね。では確認しよう。まず 1問目 。選択肢がそれぞれ違う単語で構成されていたら「語彙問題」と判断しよう。どんな動詞が入るかが問われているね。意味を取りながら判断しよう。After…からカンマまで読むと「レポートを書き終えたあと」、このあとにすべき動作が問われている。「ニューマン教授にそれをどうすればよいか」だね。レポートを書いたら教授にどうしようか？ 提出するしかないよね。正解は(C)。submitは「提出する」という意味なんだ。空欄後の目的語itはreportのことだから、(A)連絡する、(B)研究する、(D)会う、のどれも合わないよ。

> please ＿＿ it to Professor Newman.
> 　　　　it=reportを教授に対してどうする？

では 2問目 。選択肢が全然違うものだね。並んでいる単語の品詞はわかるかな。これはbeautifulと同じ「形容詞」と呼ばれるものなんだ。flowerを「どんな花？」と説明するのが形容詞beautifulであるように、形容詞は名詞を説明する。つまり、後ろの単語とくっつくものが正解になるんだ。後ろの単語はincrease（増加）だね。

> ＿＿ increase

だから「どんな増加か」がポイント。増え方には「一気に増える」とか「少しずつ増える」とか、程度を表す単語がつくよ。正解は(B) sharp（鋭い、急激な）だ。(A) light（軽い）、(C) clean（きれいな）、(D) remote（遠くの）はどれも「増加」を説明することはできないよ。

それでは、 3問目 。これは前置詞と呼ばれるものだね。前置詞の問題は、前の単語や後ろの単語とのつながりをチェックしよう。

> starts ＿＿ 9:00 A.M.

始まる時間に対して使われる前置詞は覚えているかな？ 正解は(D) atだ。I got up at 7:00.（私は7時に起きた）やI left home at 7:30（私は7時半に家を出た）のように、動作を行う時間を指す場合に使うのがatだね。
他によく使う前置詞をおさらいしておこう。

前置詞	用法
on（曜日）	on Monday（月曜日に）
in（月／年）	in January（1月に）　in 2020（2020年に）
at / in（場所）	at the office（オフィスで）　in Japan（日本で）
by（方法）	by bus（バスで）　by train（電車で）

✓ Check!

語彙をマスターするためのトレーニングだよ。

1 語彙をマスター！

下線の語句とセットで使われるものをそれぞれ<u>2つ</u>選んでください。この知識が語彙問題攻略のカギとなります。

I 名詞

1. the (list / menu / number) <u>of guests</u>
2. <u>submit</u> a (call / report / result)
3. <u>provide</u> (delays / information / meals)

II 動詞

1. (cause / serve / solve) <u>problems</u>
2. (purchase / spend / take) <u>30 minutes</u>
3. (answer / reply / respond) <u>to e-mails</u>

III 形容詞

1. (additional / latest / ⓟrogressive) <u>information</u>
2. (technical / thick / valuable) <u>advice</u>
3. wear (formal / broad / ⓟrotective) <u>clothing</u>

IV 副詞

1. <u>write</u> an e-mail (basically / instantly / quickly)
2. <u>improve</u> the quality (closely / partly / ⓢharply)
3. ⓐchieve the goal (finally / basically / successfully)

2 前置詞表現をマスター！

正しい前置詞を選んでください。

1. (at / on) top of the ⓓrawers
2. the best hotel (in / of) the country
3. be closed (in / on) Fridays
4. be attached (for / with) this e-mail

解答＋解説

1

I 1. the **list** / **number** of guests（ゲストのリスト／人数）

2. submit a **report** / **result**（レポート／結果を提出する）

3. provide **information** / **meals**（情報／食事を提供する）

II 1. **cause** / **solve** problems（問題を引き起こす／解決する）

2. **spend** / **take** 30 minutes（30分費やす／かかる）

3. **reply** / **respond** to e-mails（メールに返事をする）

III 1. **additional** / **latest** information（追加の／最新の情報）

2. **technical** / **valuable** advice（技術的な／価値のあるアドバイス）

3. wear **formal** / **protective** clothing（正式な服装をする／保護服を着る）

IV 1. write an e-mail **instantly** / **quickly**（すぐに／素早くメールを書く）

2. improve the quality **partly** / **sharply**（質を部分的に／急激に改善する）

3. achieve the goal **finally** / **successfully**（最終的に／うまく目標を達成する）

2

1. **on** top of the drawers（たんすの上に）

2. the best hotel **in** the country（国内でもっともよいホテル）

3. be closed **on** Fridays（金曜日は閉鎖されて）

4. be attached **with** this e-mail（このメールに添付されている）

アドバイス

1 入らない単語の訳は次のとおり。

I 1. menu（メニュー）。2. call（電話）。3. delays（遅れ）。

II 1. serve（提供する）。2. purchase（購入する）。3. 動詞answerにはtoが不要。answer e-mailsならOK。

III 1. progressive（進歩的な）。2. thick（厚い）。3. broad（広い）。

IV 1. basically（基本的に）。2. closely（念入りに）。3. basically（基本的に）。

2

1. onは「～の上に」だけでなく、on the wall（壁にかかって）やon the ceiling（天井に）のように接触を意味する。

2. 「国内で」を意味するのはin。

3. 曜日に対して使うのはon。他に、on February 15のように日付に対しても使われる。なお、月のみの場合はin Februaryのようにinを使用。

4. be attachedで「添付されている」。何に添付されているかを示すのはwith。

語彙問題 力だめし！

出題形式に沿った問題だ。実践で力を発揮できるか、やってみよう！

空欄に当てはまる語彙をA～Dの中から選びましょう。

制限時間 **1分**

1. Please fill out the necessary form before ------- at the airport.
   (A) using
   (B) decreasing
   (C) providing
   (D) landing

2. The meeting room is ------- small to hold 20 people.
   (A) so
   (B) that
   (C) too
   (D) more

3. Quest Planning Ltd. cleans the event space -------.
   (A) sharply
   (B) artificially
   (C) regularly
   (D) hopefully

4. The number of visitors to the National Museum increases ------- this time of year.
   (A) at
   (B) for
   (C) in
   (D) with

解答＋解説

1. [D] 難易度 ★★★
Please fill out the necessary form before **landing** at the airport.
（空港に着陸する前に必要な書類に記入をしてください）
解説 beforeに続く動名詞が問われている。「用紙に記入する」と「空港に〜する前」をつなぐのは(D) landing（着陸する）。意味の理解が求められる。(A)使う、(B)減る、(C)提供する。

2. [C] 難易度 ★★
The meeting room is **too** small to hold 20 people.
（この会議室は20人収容するには小さすぎる）
解説 単語の使い方が問われている。------ small to hold…「holdするには小さい」に対して使われるのは(C) too（〜すぎる）。too〜to…で「〜すぎて…できない」「…するには〜すぎる」という意味になることを覚えているかな。

3. [C] 難易度 ★★
Quest Planning Ltd. cleans the event space **regularly**.
（クエストプランニング社は定期的にイベントスペースを掃除している）
解説 語彙問題で選択肢に並んでいるのは副詞だ。副詞が説明を加える動詞をチェックしよう。cleans（掃除する）を説明する副詞は(C) regularly（定期的に）。(A)鋭く、(B)人工的に、(D)希望を持って。

4. [A] 難易度 ★★★
The number of visitors to the National Museum increases **at** this time of year.（1年のこの時期には、国立美術館への訪問者数が増える）
解説 選択肢には前置詞が並んでいる。前後のつながりがポイントとなる。空欄後のthis time of year（1年のこの時期）に対して使われる前置詞は(A) at。なお、at this time of dayと言えば「1日のこの時間」のこと。

2016/10/18

Part 5
リーディング
読解問題

Part別学習法
16日目 フォーム系文書
17日目 箇条書きのある文書
18日目 短めの文書
19日目 長めの文書

Part別学習法

> 出題スタイル、傾向は？

読解問題では、基本的に9つの文書が出題され、各文書に2〜3の設問がついている。文書はメールや手紙、お知らせ、広告、レシート、スケジュールなど様々だ。他のパートと同じように、日常とビジネスの話題が出題されるよ。Part 4を終えて残った時間がPart 5の時間だ。

WANT TO RELAX IN A RESORT?

Enjoy beautiful beaches right in front of <u>our hotel</u>!
- Located in the safe neighborhood
- Only 30-second walk to the beach
- Fireworks every weekend
- <u>Ocean-view rooms</u>, delicious meals, a live performance, and many more!

$550 per adult
$300 per child

Our multi-lingual customer service staff is available 24 hours a day.
For more information, visit our Web site at www.codertravels.com.

---

① 宣伝内容をチェック！　　② 情報を得る方法をチェック！

1. What is being advertised?
   (A) A rental car.
   (B) An ocean cruise.
   (C) A firework show.
   (D) A resort hotel.

   ホテルだから(D)だ！

2. How do people get more information?
   (A) By talking to staff.
   (B) By going online.
   (C) By reading a catalogue.
   (D) By calling a travel agent.

   ウェブサイトだから、オンラインの(B)！

Part 5 | 読解問題 | 20問

攻略のポイント、学習の仕方は？

生徒：長文は苦手だし、嫌いです……。
Jay：全部理解しようとして読むからだよ。あくまで問題で求められている情報を読み取ればいいんだ。ゲーム感覚で答えを探してみるといいよ。暗号を読み解く「解読」じゃなくて、内容を読み取る「読解」だからね。
　Part 3と同じように設問をチェックしよう。ここでも「概要問題」か「詳細問題」だよ。

攻略ポイント：設問から必要な情報をチェック！

WANT TO RELAX IN A RESORT?
Enjoy beautiful beachs ...
・Located in the safe ...
・Only 30-second walk ...
・Fireworks every weekend

目的や概要は冒頭や話の流れからチェック！

詳細問題はピンポイントで探す

生徒：レシートとか注意書きくらいだったら何とか読める気がするんですけど、メールとか手紙って結局、全部読まないと解けないですよね。
Jay：もちろん、エスパーじゃないんだから、全く読まずに解答はできないよ（笑）。でも、文書には文書の構造ってのがあるんだ。詳しくはこのあとのページで学習するけど、まず最初に「目的」や「概要」が伝えられるんだ。ほら、友達からのメールだって「来週の食事会の件だけど」って、何の話かわかるように最初に伝えるでしょ？ そのあとで、細かい話に入っていくんだ。
この構造を理解したうえで、あとはPart 3と同じように、問題を解いたあと、日本語訳と英文を確認してから、仕上げに内容を理解するためにしっかりと文書を読むこと。繰り返し読んでいると、似た話に遭遇したときには同じ単語やフレーズが使われるから、おもしろいほどスラスラ読めるよ。

学習ポイント：学習の仕上げに、文書の内容を理解しながらしっかり読む！

Part 5 Reading

16日目 フォーム系文書

学習した日
1回目 10/24
2回目 /

ポイント！ 情報を見つけよう

フォーム系文書にはレシートやスケジュールなどがあり、「読む」というよりは、「見つける」というスキルが必要となるよ。まずは、問題を解いてみよう。

サンプル問題　　　制限時間 2分

Questions 1-3 refer to the following receipt.

```
         Twinton Bakery & Café
              Wind Avenue
              (408) 555-1101
      Date: October 19   11:34 A.M.

      1 BLACK COFFEE    $1.20
      1 CROISSANT       $2.70
      1 BAGUETTE        $3.10
      1 DONUT           $1.50

           Total        $8.50
           Cash        $10.00
           Change       $1.50
```

1. When did the customer buy some items?
   (A) In the early morning.
   (B) In the late morning.
   (C) In the early afternoon.
   (D) In the late afternoon.

2. What is the least expensive item?
   (A) BLACK COFFEE
   (B) CROISSANT
   (C) BAGUETTE
   (D) DONUT

3. How much is the total cost?
   (A) $7.00
   (B) $8.50
   (C) $10.00
   (D) $11.50

1. Ⓐ Ⓑ Ⓒ Ⓓ
2. Ⓐ Ⓑ Ⓒ Ⓓ
3. Ⓐ Ⓑ Ⓒ Ⓓ

130　何のフォームかを理解したうえで、求められている情報を見つけよう！

Questions 1–3は以下のレシートを参照してください。

```
ツイントンベーカリー＆カフェ
ウィンドアベニュー
(408) 555-1101
日時:10月19日 11:34 A.M.

1 ブラックコーヒー    $1.20
1 クロワッサン       $2.70
1 バゲット          $3.10
1 ドーナツ          $1.50

  合計            $8.50
  現金            $10.00
  おつり           $1.50
```

重要語句

- [ ] bakery（パン屋）
- [ ] Avenue（通り）
- [ ] cash（現金）

1. 本文の上にあるQuestion 1 – 3 refer to the following receipt.から、レシートだとわかるね。1問目は「いつ購入したか」が問われているけど、選択肢を見ると日付ではなく時間帯だね。11:34 A.M. とあるから、正解は(B)。きっと、お昼ご飯を買いに来たんだね。

2. the least expensiveで「最も高くない＝最も安い」という意味だとわかったかな。商品の金額を確認すると、$1.20が一番安いことがわかる。商品名を見るとBLACK COFFEEとあるから正解は(A)。

3. total costとは「合計金額」のこと。Totalの数字を読み取ると、正解は(B)。素早く確実に正解できたかな。

==求められている情報を正確に特定できたかな。==今回は英文がほとんどないため解きやすかったんじゃないかな。少しずつレベルを上げていくよ！

✓ Check!

構造をつかむためのまとめとトレーニングだよ。

フォーム系の文書には、レシートや注文書、請求書などの商品名と金額が並ぶものや、スケジュールのように時間と内容が並ぶものが頻出します。ここでは読み方を確認しておきましょう。

その後、求められている情報を探す練習をします。ここで精度とスピードを高めていくよ！

冒頭をチェック！

①月曜の予定だ

Monday Schedule

Class	Professor	Time	Place
History	Michael Port	9:00A.M.-10:30A.M.	Building B, 301
Music	Maria Edmonton	10:40A.M.-12:10P.M.	Building A, 220
Science	Albert Falls	1:00P.M.-2:30P.M.	Building C, 302
Literature	Edgar Jackson	2:40P.M.-4:10P.M.	Building B, 401

②授業・教授・時間・場所だな。ということは、大学かな？

For more information about each class, please take a look at the student guide provided during the orientation. If you have any questions, please come to the student center in Building A, which is right across from the library.

追加情報で学生ガイドのことが書かれているぞ。

16日目 フォーム系文書 Check!

1 指さしピンポイント

問題を読み、左ページの本文から答えを探して指をさしてみましょう。

1. Who will teach Science?
2. What time will Literature class end?
3. When was the student guide given to the students?
4. Where should the students go if they have questions?

ヒント
1. クラスを確認して教授をチェック！
2. クラスを確認して時間をチェック！
3. キーワードは student guide
4. 質問に関する記述をチェック！

解答＋解説

1

1. Albert Falls（アルバート・フォールズ）
2. 4:10P.M.（午後4時10分）
3. during the orientation（オリエンテーションの間）
4. the student center (in the Building A)（学生センター〈A棟〉）

問題訳

月曜日の予定

授業	教授	時間	場所
歴史	マイケル・ポート	9:00A.M.-10:30A.M.	B棟301
音楽	マリア・エドモントン	10:40A.M.-12:10P.M.	A棟220
科学	アルバート・フォールズ	1:00P.M.-2:30P.M.	C棟302
文学	エドガー・ジャクソン	2:40P.M.-4:10P.M.	B棟401

各授業の詳細については、オリエンテーション（新入生、新入社員向けの説明会）時に渡した学生ガイドをご覧ください。質問があれば、図書館の真向かいのA棟の学生センターに来てください。

1. 誰が科学を教えますか。
2. 文学の授業が終わるのは何時ですか。
3. 学生ガイドはいつ学生に与えられましたか。
4. 質問があれば、学生はどこへ行くべきですか。

力だめし！

出題形式に沿った問題だ。実践で力を発揮できるか、やってみよう！

制限時間 **6分**

Questions 1-3 refer to the following schedule.

Regular Window Cleaning

Regular window cleaning is scheduled as follows.

	Place	Time
November 1	Entrance	9:00A.M.-11:00A.M.
November 2	1st to 3rd floor	9:00A.M.-3:00P.M.
November 3	4th to 7th floor	9:00A.M.-4:00P.M.
November 4	Parking space	9:00A.M.-12:00 noon

You do not have to be at home during the work. If it rains, the work may be postponed until the following week. If you have any questions about the work, please contact Towns Risings Corporation at 555-1120. We try to minimize the noise and we appreciate your cooperation.

1. Where will the work take place?
   (A) At an office building.
   (B) At a department store.
   (C) At an apartment building.
   (D) At a public school.

2. When will the work be done on the upper floors?
   (A) November 1.
   (B) November 2.
   (C) November 3.
   (D) November 4.

3. What will happen if the weather is bad?
   (A) The parking space will be open.
   (B) The schedule may be changed.
   (C) The entrance will be closed.
   (D) The noise may be bigger.

1. Ⓐ Ⓑ Ⓒ Ⓓ
2. Ⓐ Ⓑ Ⓒ Ⓓ
3. Ⓐ Ⓑ Ⓒ Ⓓ

Questions 4-6 refer to the following invoice.

invoice

Grand Ortis

www.grand-ortis.com

Ship to:

Mr. George Anderson

120 Gordon Street

Springfield

Item	Price
JCL Round Table	$2,000.00
White Deluxe Sofa	$4,500.00
TDS Cabinet	$3,200.00
Discount	−$1,940
Total	$7,760

Order Date: February 25

Payment: By February 20

Expected Delivery Date: March 10

If you wish to cancel the orders, please contact our customer service at 555-1123 by March 1.

4. What kind of business is Grand Ortis?
   (A) A restaurant.
   (B) A furniture store.
   (C) A car dealer.
   (D) A web design company.

5. When will the items be delivered to Mr. Anderson?
   (A) On February 20.
   (B) On February 25.
   (C) On March 1.
   (D) On March 10.

6. What should Mr. Anderson do if he wants to cancel the orders?
   (A) Return the receipt.
   (B) Call Grand Ortis.
   (C) Fill out a form.
   (D) Visit the nearest store.

4. (A) (B) (C) (D)
5. (A) (B) (C) (D)
6. (A) (B) (C) (D)

解答＋解説 （問題文の訳は別冊p.10）

1. [C] 難易度 ★★☆
解説 workの場所が問われている。最初に大きくRegular Window Cleaningとあることから「窓掃除」の話だとわかるね。これがworkのこと。スケジュールだけ見ても場所は特定できない。その下にYou do not have to be at home（家にいなくていいよ）とある。ここから、(C)だと特定できるよ。なお、英語のapartment buildingは日本語で言うマンションも入るんだ。ちなみに、mansionは豪邸という意味だよ。

2. [C] 難易度 ★★☆
解説 「いつ」が問われている。upper floors（上階）とは4th to 7th floorを指すことに気づいたかどうかがポイントだよ。日程を見ると(C)が正解。

3. [B] 難易度 ★★☆
解説 天候が悪い場合のことを読み取ろう。説明文にIf it rains（もし雨が降ったら）と悪天候のことが書いてある。the work may be postponed…（作業を延期するかもしれない）の内容は読み取れたかな。これを「予定が変わるかもしれない」と言い換えている(B)が正解。

4. [B] 難易度 ★☆☆
解説 Grand Ortisの業種が問われているよ。名前からは判断できないから、表にある商品から業種を特定しよう。テーブル、ソファ、キャビネットが注文されていることから、(B)の家具店だと推測できる。

5. [D] 難易度 ★☆☆
解説 アンダーソンさんに商品が配達される日をピンポイントで読み取ろう。Expected Delivery Date（配達予定日）にMarch 10とあることから、正解は(D)。

6. [B] 難易度 ★☆☆
解説 注文をキャンセルしたいときについて読み取る。一番下にIf you wish to cancel the ordersとあるため、その内容を読み取る。please contact our customer service at…と電話番号が伝えられているため、正解は(B)。

Part 5 Reading

17日目 箇条書きのある文書

学習した日
1回目 10/24
2回目 /

ポイント！ 情報のある場所を知る

箇条書きのある文書では、冒頭で文書の概要が書かれ、詳細内容が箇条書きになっていることが基本だよ。

サンプル問題

制限時間 2分

まずは、問題を解いてみよう。

Questions 1-2 refer to the following notice.

CAUTION
For safety reasons,
Please keep these rules

- Dogs must be (leashed) at anytime
- Children under the age of 14 must be accompanied by an adult
- Keep off the flower beds
- No food/drinks

For more information, visit our office near the park gate.

---

1. Where is the notice probably found?
   (A) In a pet shop.
   (B) At a swimming pool.
   (C) In a restaurant.
   (D) In a park.

2. What is NOT mentioned in the notice?
   (A) Dogs must be kept near their owners.
   (B) Eating is (prohibited.)
   (C) Children are free of charge.
   (D) People must not step into some areas.

1. Ⓐ Ⓑ Ⓒ Ⓓ
2. Ⓐ Ⓑ Ⓒ Ⓓ

注意
安全上の理由から
これらの規則を守ってください。
・犬はいつでもつながれていなければなりません
・14歳未満のお子様は大人の同伴が必要
・花壇に入らないでください
・飲食はできません
詳細は、公園の門の近くにある私たちの事務所を訪ねてください。

1. お知らせは、どこで見つけられるでしょうか。
    (A)ペットショップで。　　(B)プールで。
    (C)レストランで。　　**(D)公園で。**

2. お知らせに記載されていないことは何ですか。
    (A)犬は所有者の近くに置いておく。　　(B)飲食は禁止されている。
    (C)お子様は無料である。　　(D)人々はあるエリアに入ってはならない。

1. このお知らせがある場所が問われている。「どんな場所にありそうか」という意識で読み始めよう。冒頭でCAUTION（注意）とあることから、注意事項だとわかる。その後ルールが箇条書きで書かれている。Dogs（犬）やflower beds（花壇）のほか、最後に場所がはっきりとわかるpark gate（公園の門）とあることから、正解は(D)。

2. 大文字でNOTと書かれている問題は「〜ではないもの」という書かれていないものが問われている。そのため、消去法で解かないといけないんだ。ここでは、「お知らせで述べられていないもの」だね。箇条書きがある場合、そこがNOT問題に該当することが多いことも覚えておこう。本文と選択肢を照らし合わせながら消去していこう。(A)は箇条書きの1つめ、(B)は4つめ、(D)は3つめ。質問の、記載されていないものは(C)だ。

17日目 箇条書きのある文書 Check!

✓Check!

構造をつかむためのまとめとトレーニングだよ。

箇条書きのある文書では、冒頭で文書の概要が書かれ、詳細内容が箇条書きになっていることが基本です。ここでは、概要の読み方と箇条書きに関して「書かれている情報」と「書かれていない情報」を見分けるスキルを磨きます。

> タイトルは絶対チェック！
> 仕事の機会？「あ、求人だな」

> 募集は販売スタッフだ

Job Opportunity

Round Quest is currently seeking sales staff to work in one of our nationwide store chains.

Required Qualifications:

> Qualificationは「資格」のこと。
> 箇条書きは資格だね。

・High school degree
・Minimum 3 years of work experience in sales
・Good communication skills
・Familiarity with word-processing software
・Fluent English

> 最後は応募方法だ

To apply, please send your résumé to Jay Hudson at j.hudson@roundquest.com. For more information about Round Quest, please visit our Web site at www.roundquest.com.

1 指さしピンポイント！

What are NOT required qualifications for the position?
書かれているものには☑をしてください。

☐ High school degree.
☐ Computer skills.
☐ Experience in working abroad.
☐ Ability to speak English.
☐ Driving skills.
☐ Ability to speak with people.

解答＋解説 （問題文の訳は別冊p.11）

1

・書かれているもの（カッコ内は本文の表現）

☑ High school degree.（高校の学位）

☑ Computer skills(=Familiarity with word-processing software).
（コンピュータースキル〈＝ワープロソフトに慣れていること〉）

☑ Ability to speak English (=Fluent English).
（英語を話す力〈＝流ちょうな英語〉）

☑ Ability to speak with people (= communication skills).
（人と話す力〈＝コミュニケーションスキル〉）

・書かれていないもの

☐ Experience in working abroad.（海外での仕事経験）

☐ Driving skills.（運転技術）

力だめし！

出題形式に沿った問題だ。実践で力を発揮できるか、やってみよう！

制限時間 **6分**

Questions 1-3 refer to the following advertisement.

A growing game company Levance Co. is currently looking for dynamic and enthusiastic game creators, who will work with us in order to develop epoch-making games.

Required Qualifications:
- Deep understanding of the game market
- Minimum 3 years of experience in the game industry
- Strong logical thinking and analytical skills
- Team player with positive attitude

Successful candidates will need to complete three months of training period, including ten-day intensive workshop in Korea.

If you are interested in the position, please submit your application through our Web site at www.levance.com/application.html.

1. What is being advertised?
   (A) A game show.
   (B) A job opening.
   (C) A new company.
   (D) A workshop.

2. What is NOT one of the requirements?
   (A) Knowledge of a market.
   (B) Ability to work with people.
   (C) Managerial experience.
   (D) Analytical skills.

3. Why will some people go to the Web site?
   (A) To complete application.
   (B) To see a list of jobs.
   (C) To apply for a trip.
   (D) To play some online games.

1. Ⓐ Ⓑ Ⓒ Ⓓ
2. Ⓐ Ⓑ Ⓒ Ⓓ
3. Ⓐ Ⓑ Ⓒ Ⓓ

☐☐ Questions 4-6 refer to the following notice.

Information

Thank you for visiting the National Museum of Art. Please keep the following rules:

- Food and beverages are not allowed.
- Pets are not allowed.
- Street parking is strictly prohibited.
- Non-flash photography is allowed except in NO PHOTO areas.

OPEN:
Mon-Fri: 10:00 A.M. – 6:00 P.M.
Sat and Sun: 11:00 A.M. – 4:00 P.M.
Information on upcoming exhibitions is available at the counter.
A limited number of lockers is available for your convenience.

---

4. Who is the notice for?
   (A) Amateur photographers.
   (B) Visitors to a facility.
   (C) Restaurant guests.
   (D) Apartment residents.

5. What is NOT mentioned in the notice?
   (A) People cannot park on the street.
   (B) Dogs are prohibited in the building.
   (C) Non-members cannot use the lockers.
   (D) People can check information on future events.

6. What time is the museum open every day?
   (A) 9:00 A.M.
   (B) 10:00 A.M.
   (C) 3:00 P.M.
   (D) 5:00 P.M.

4. Ⓐ Ⓑ Ⓒ Ⓓ
5. Ⓐ Ⓑ Ⓒ Ⓓ
6. Ⓐ Ⓑ Ⓒ Ⓓ

17日目 箇条書きのある文書 力だめし！

解答＋解説 （問題文の訳は別冊p.11）

1. [B] 難易度 ★★★

宣伝内容が問われている。冒頭のlooking for…game creators（ゲームクリエイターを探している）がポイント。人を募集しているため、正解は(B)の求人だ。

2. [C] 難易度 ★★★

requirementsとは必要条件のこと。箇条書きにある資格に書かれているものを消去していこう。Deep understanding of the game market（ゲーム市場の深い理解）は(A)のこと。3つめの項目にあるanalytical skillsが(D)のこと。4つめのTeam playerをwork with peopleと言い換えている(B)も書かれている。マネージャーの経験は求められていない。

3. [A] 難易度 ★★★

ウェブサイトに関する記述を読み取ろう。一番最後にウェブサイトのアドレスが書かれているから場所は特定しやすいね。その直前に、please submit your application through our Web siteと、ウェブサイト経由で仕事に応募することが指示されている。これを言い換えているのが(A)。

4. ［B］ 難易度 ★★☆

だれ向けの案内かが問われている。内容から推測するタイプの問題だけど、基本的には冒頭でわかることが多いんだ。Thank you for visiting the National Museum of Art. とお礼の言葉で始まり、続いて「ルールを守ってね」と伝えている。これを読む人は、「美術館に来たお客さん」だよね。museumをfacility（施設）と言い換えている(B)が正解。

5. ［C］ 難易度 ★★★

NOT問題は消去法で解くんだったね。箇条書きが怪しいよ！2つめの項目のPets are not allowed.が(B)のこと。PetsがDogsに、not allowed（許可されない）がprohibited（禁止されている）に言い換えられている。そして、Street parking is strictly prohibited.が(A)のこと。箇条書き部分の内容に対応するものは他にないから読み進めると、営業時間の下のお知らせに、Information on upcoming exhibitions is available at the counter.と「今後の展示会に関する情報」の提供があるとわかる。これを指すのが(D)。よって、正解は(C)。ロッカーの記述はあるけど、非会員が使えないとは書いていない。

6. ［C］ 難易度 ★★☆

毎日開いている時間帯が問われているから営業時間をチェックしよう。平日と土日の時間が違っているけど、両方開いているのは(C)のみ。開店する時間を聞いているわけではないよ。

Part 5 Reading

18日目 短めの文書

学習した日
1回目 10/24
2回目 /

ポイント！ どこに何があるかわからない分、読解力が必要

短めの文書には「お知らせ」や「記事」、または「メール」などがある。箇条書きがある文書と比べると、見た目のメリハリがないため、読解力が必要だよ。

サンプル問題

制限時間 **3分**

まずは、問題を解いてみよう。

Questions 1-3 refer to the following information.

> Dear Fine's Café Members,
> To thank our valued customers for your support, the first Sunday of the month is the day of "Monthly Special Event," which will be on July 1 next month. Get up early, and bring your friends for this special occasion, where you can spend excellent Sunday morning. The event will start at 7:00 A.M. until the official opening of the store at 9:00A.M.. You can sample our new menu! To sign up for the event, please call (281)-555-9810 or e-mail special@finescafe.com by the end of June. The seating is limited to 30, so please hurry!

1. What is the purpose of the information?
   (A) To announce an opening of a café.
   (B) To announce changes in a schedule.
   (C) To invite people to an event.
   (D) To request for support.

2. How often is the event held?
   (A) Once a week.
   (B) Once a month.
   (C) Once a year.
   (D) Twice a year.

3. What advice is given?
   (A) Register early.
   (B) Apply for a membership.
   (C) Suggest a new menu.
   (D) Bring an advertisement.

1. Ⓐ Ⓑ Ⓒ Ⓓ
2. Ⓐ Ⓑ Ⓒ Ⓓ
3. Ⓐ Ⓑ Ⓒ Ⓓ

> 親愛なるファインズカフェのメンバーの皆様へ
>
> ご愛顧いただいている大切なお客様に感謝するため、月の最初の日曜日は、「毎月のスペシャルイベントの日」です。来月は7月1日になります。早起きしてお友達をこの特別なイベントにお連れください。素晴らしい日曜日の朝をお過ごしいただけます。イベントは午前7時から開始し午前9時の正式オープンまでです。新しいメニューもお試しいただけますよ！ イベントに申し込むには、6月末までに（281)555-9810までお電話またはeメール special@finescafe.com まで。30席限り、お急ぎください！

1. 情報の目的は何ですか。
(A) カフェの開店を発表するため。
(B) 予定変更を告知するため。
(C) イベントに人々を招待するため。
(D) 手助けを要求するため。

2. どのくらいの頻度でイベントが開催されますか。
(A) 週に1回。
(B) 月に1回。
(C) 年に1回。
(D) 年に2回。

3. 何の助言が与えられていますか。
(A) 早く登録する。
(B) 会員に申し込む。
(C) 新しいメニューを提案する。
(D) 広告を持参する。

1. 目的は冒頭からチェックだったね。Fine's Caféの会員向け情報というのがわかり、本文ではMonthly Special Eventについて書かれている。bring your friendsとあることからも、このイベントへの招待だとわかる。正解は(C)。

2. How oftenとは「頻度」のこと。イベントの頻度をチェックしよう。Monthly Special Eventというネーミングから判断できたかな。Monthlyとは「毎月」のことだから、正解は(B)。

3. アドバイスを読み取ろう。中盤まではイベントの詳細が書かれていて、後半には応募方法、そして最後に「30席限定だから急いで！」というふうに展開している。この最後の内容が助言であり、正解は(A)。「早く登録する」と単純化しているね。

✓Check!

構造をつかむためのまとめとトレーニングだよ。

メールは差出人と受取人、件名をチェックしてから本文を読もう。役割とトピックがわかると読みやすい。本文は冒頭で目的や概要をつかむことができると、その後の展開が読みやすくなるよ。

> メールの受取人と差出人、件名（Subject）はしっかりチェックしておこう！
> Confirmationは「確認」のこと。
> 何かの確認のためのメールだね。

To: Anthony Ferth ← 受取人
From: Sports Times
Date: March 3
Subject: Confirmation

Dear Anthony Ferth,

> 冒頭で目的や概要がわかる。
> しっかり読み取ろう。
> subscriptionは「定期購読」だ。

Thank you very much for applying for subscription to our weekly newsletter, Sports Times. You have been added to our mailing list, and will start receiving the newsletter from next week. I'm sure you'll enjoy interviews with athletes and information about exciting events related to many kinds of sports.

To stop receiving the newsletter, simply click the "Unsubscribe" link included in each letter.

Sports Times ← 差出人

> 内容はだんだんと詳細へと入っていくよ。
> Sports Timesの内容説明や解除の方法も読み取ろう。

1 指さしピンポイント！

1. What is *Sports Times*?
2. How often is *Sports Times* sent?
3. When will Anthony begin to receive *Sports Times*?
4. How can Anthony stop receiving *Sports Times*?

ヒント

1. 新聞？雑誌？それとも他のもの？
2. 送られる頻度をチェック！
3. 受け取り開始がいつかを特定しよう。
4. 「もういらない」となったときの解約法をチェック！

解答＋解説 （問題文の訳は別冊p.12）

1

1. newsletter：メールで送られる広報誌のようなもの。1文めにweekly newsletterとある。
2. weekly = every week：特定できたかな。
3. next week：start receiving the newsletter from next weekがポイント。
4. click the "Unsubscribe" link：To stop receiving the newsletterの後ろを読み取る。

Questions 1-3 refer to the following e-mail.

To: Rika Windle
From: Springfield Business
Date: April 10
Subject: Survey

Dear Rika Windle,

Thank you very much for subscribing to the Springfield Business magazine. In order to help us better serve our customers, we would be happy if you could take a moment to complete an online customer satisfaction survey at www.springfieldbusiness.com/survey.html. The deadline for this survey is a week from today.

By completing the survey, you will receive a $5 coupon to be used at major restaurants. If you have any questions, please reply to this e-mail.

Springfield Business

---

1. What is the purpose of the e-mail?
   (A) To recommend a magazine.
   (B) To confirm a payment.
   (C) To reply to questions.
   (D) To ask for opinions.

2. When is the deadline for the survey?
   (A) April 10.
   (B) April 17.
   (C) April 24.
   (D) April 30.

3. What will Ms. Windle receive if she completes the survey?
   (A) A magazine.
   (B) Money.
   (C) A coupon.
   (D) Food.

Questions 4-6 refer to the following notice.

> The City Library invites you to our Annual Charity Event on Saturday, April 7 at the Municipal Green Park, starting from 9:00A.M. to 5:00 P.M. The entry fee is $10 for an adult and $3 for a child under 14. The event will include live performance, used-book sale mostly for under $5, food stands, and games for kids. Last year, donation was used to repaint the library and buy new computers as well as to make reading space for children.
>
> * In case of rain, the event will be held in the gymnasium.

4. How often is the event held?
   (A) Once a week.
   (B) Once a month.
   (C) Once a year.
   (D) Every four years.

5. How much is the entry fee for an 8-year-old?
   (A) $3.
   (B) $5.
   (C) $8.
   (D) $10.

6. What will happen when the weather is bad?
   (A) The music live event will be canceled.
   (B) The event will be rescheduled.
   (C) The place of the event will be changed.
   (D) Another program will be held.

4. Ⓐ Ⓑ Ⓒ Ⓓ
5. Ⓐ Ⓑ Ⓒ Ⓓ
6. Ⓐ Ⓑ Ⓒ Ⓓ

解答 ＋ 解説 （問題文の訳は別冊 p.13〜14）

1. [**D**] 難易度 ★★★

目的は冒頭からチェックしよう。定期購読のお礼から始まっているけど申し込みではないよ。2文目にwe would be happy if you could…とお願いが書かれている。その内容がcomplete an online customer satisfaction survey（オンラインでの顧客満足度調査）である。満足しているかどうかを答えるアンケートのため、大きく言い換えている(D)の「意見を求める」が正解。

2. [B] 難易度 ★★☆

deadlineとは締め切りのこと。第1段落の最後にThe deadline for this survey is a week from today.とある。これは「今日から1週間後」ということ。今日の日付はメール冒頭のDateでチェック。April 10の1週間後が締め切りのため、正解は(B)。

3. [C] 難易度 ★★☆

調査に記入すると何かがもらえるらしい。それを読み取ろう。第2段落にあるBy completing the survey, you will receive a $5 coupon…がわかったかな。クーポン券がもらえるため、そのまま選択肢に入っている(C)が正解。

4. [C] 難易度 ★★☆

イベントの開催頻度の見つけ方はもう大丈夫かな。今回のヒントはAnnualだ。これは「毎年の」という意味のため、正解は(C)。annualはyearlyとも言える。monthly（毎月）、weekly（毎週）、daily（毎日）も一緒に関連づけて覚えよう。

5. [A] 難易度 ★★☆

entry feeとは「入場料」のこと。さらに「8歳」という条件が付いているから、注意して読み取ろう。8歳はa child under 14（14歳以下の子ども）に入る。正解は(A)だね。(D)は大人の金額。

6. [C] 難易度 ★★☆

悪天候のときの内容を読み取ろう。一番下にIn case of rain（雨の場合は）とあり、イベントの開催場所がin the gymnasiumとある。これは体育館のこと。正解は場所が変更になるという(C)。(B)は予定が変わることを意味するけど、開催日は変わらないから間違いだよ。

Part 5 Reading

19日目 長めの文書

学習した日
1回目 10/24
2回目 /

> **ポイント！** 文の構造とストーリーをおさえる

長めの文書は、内容が深くなるため、読む量は増えるものの、難易度が高くなるわけではない。「目的」「概要」から「詳細」へという文書の構造を意識することと、早めにストーリーの内容を読み取ると、長文の中で迷子になるのを防げるよ。

サンプル問題　制限時間 3分

まずは、問題を解いてみよう。

To: Ilene Megan
From: Jessica Reynolds
Date: August 10
Subject: Suggestion

Ilene,

Have you heard that Wendy will go to Tokyo in two months? As you know, she teaches English at a language school in Seattle, but has decided to work in Tokyo for at least five years as an English teacher at a school. Why don't we have a going-away party for her with some friends from university? I'll contact her to give us her evening schedule for next month, and then decide on the date of the event in a few days. Then, I'll send invitations to friends who live in Seattle and neighboring cities. Since you are familiar with some places for this kind of party, do you know any good place to hold the party? Somewhere with a parking lot and close to the public transportation would be the best. It would be nice if we could have a big party for Wendy.

Jessica

長い文書も目的や概要が最初に書かれ、徐々に詳細情報へと入っていく。♪

19 日目 長めの文書 **ポイント!**

1. Why did Jessica write the e-mail?
   (A) To introduce her friend to Ilene.
   (B) To suggest holding a party.
   (C) To ask about a university.
   (D) To change an event schedule.

2. What is Wendy's job?
   (A) A travel agent.
   (B) A language instructor.
   (C) A sports photographer.
   (D) A flight attendant.

3. What does Ilene know well?
   (A) Directions to neighboring cities.
   (B) Transportation systems.
   (C) Tourist spots in Seattle.
   (D) Good places for an event.

1. Ⓐ Ⓑ Ⓒ Ⓓ
2. Ⓐ Ⓑ Ⓒ Ⓓ
3. Ⓐ Ⓑ Ⓒ Ⓓ

1. ジェシカがメールを書いた理由とは、つまり目的のことだね。冒頭で「ウェンディが東京行くって聞いた？」とあり、Why don't we have a going-away party for her…?とパーティーの開催を提案している。このことを言い換えている(B)が正解。友達思いのいい人だね。

2. ウェンディの職業が問われている。2行目にshe teaches English at a language schoolとある。つまり英語の先生だね。これを言い換えている(B)が正解。(A)旅行代理業者、(C)スポーツカメラマン、(D)フライトアテンダントの情報はないよ。

3. Ileneがよく知っていることを読み取る。Ileneはこのメールの受取人だから、メール内ではyouと書かれていることに注意しよう。後半にあるSince you are familiar with some places for this kind of partyという内容から、パーティーに適した場所を知っていそうなことが伝わってくる。正解は(D)。きっと幹事タイプの人なんだね。

> 受取人：アイリーン・ミーガン
> 差出人：ジェシカ・レイノルズ
> 日　付：8月10日
> 件　名：提案
>
> アイリーン
>
> あなたは、ウェンディが2か月後に東京に行くって聞いた？ 彼女はシアトルの語学学校で英語を教えていたけれど、東京の学校で英語教師として、少なくとも5年間そこで働くことに決めたの。私たち、大学の友人たちと一緒に彼女のための送別パーティーをしない？ 私は彼女に連絡して、彼女の来月の夜のスケジュールを聞くね。その後、数日でイベントの日付を決定します。それから、私はシアトルや近くの都市に住んでいる友達に招待状を送るわ。あなたはこの種のパーティーの場所に精通しているけど、パーティーをするのに何か良いところを知ってる？ 駐車場があって、公共交通機関に近いところがベストでしょうね。ウェンディのための大きなパーティーを開けたらすてきよね。
>
> ジェシカ

1. なぜ、ジェシカは、メールを書いたのですか。
(A) アイリーンに彼女の友人を紹介するため。
(B) パーティーを開く提案をするため。
(C) 大学について質問するため。
(D) イベントの予定を変更するため。

2. ウェンディの仕事は何ですか。
(A) 旅行代理業者。
(B) 言語のインストラクター。
(C) スポーツカメラマン。
(D) フライトアテンダント。

3. アイリーンは何をよく知っているのですか。
(A) 近隣都市への行き方。
(B) 交通機関のシステム。
(C) シアトルの観光スポット。
(D) イベント向きの場所。

✓ Check!

構造をつかむためのまとめとトレーニングだよ。

長めの文書によくあるのはメールや手紙だ。状況を説明したり、伝えるべき情報が多くなったりすると文書が長くなる傾向にある。ただし、読み方は短めの文書と全く同じだ。

> Paulが差出人、Robertが受取人、件名(Subject)はクラブ名だ。
> 何のクラブかはよくわからないけどね。

To: Robert Gales
From: Paul Courtney
Date: June 15
Subject: Unicorn Club

Robert,

> Robertはクラブに興味を持ってるんだね。

I had a good time having lunch with you yesterday, and I'm glad to hear that <u>you are interested in Unicorn Club</u>. Members can join various projects to make our university better for students. <u>Here is</u> brief information about the membership below.

> 次の段落は会員に関する情報に入ることがわかるよね。

Members will receive newsletters every month, and be invited to attend the meetings, which are held every Friday from 4:00 P.M. to 5:00 P.M. There are various projects from planning events to cleaning the campus to (collaborating) with local companies and communities. I'm sure that your student life will be much more (enjoyable.)

> ここから入会の仕方だね。

<u>To become a member</u>, simply go to www.lt-univ.edu/unicorn.html and submit the online form. If you have any questions about the club, please feel free to ask me.

I'm looking forward to having you as a member.

Paul

> 段落ごとに話の内容が変わっていくよ。
> 内容の展開の参考にしよう。

1 ピンポイント！

1. What did Paul and Robert do yesterday?
2. How often is the meeting held?
3. How long is the meeting?
4. What should Robert do to become a member?

ヒント

1. 差出人と受取人が昨日したことを読み取ろう。
2. 会議の頻度をチェック！
3. 会議の長さをチェック！
4. メンバーになるための行動を特定しよう。

解答＋解説 （問題文の訳は別冊p.14）

1

1. had lunch：まずはPaulは差出人、Robertは受取人だということを把握しないとね。第1段落の最初にI had a good time having lunch with you yesterdayとある。

2. every week：会議については第2段落にある。be invited to attend the meetings, which are held every Friday…とある。every Fridayとは毎週金曜日のこと。

3. an hour：会議の曜日に続いて、from 4:00 P.M. to 5:00 P.M.とある。

4. submit the online form：第3段落にTo become a memberとあり、ウェブサイトですべきことがヒントだよ。

力だめし！

出題形式に沿った問題だ。実践で力を発揮できるか、やってみよう！

制限時間 6分

Questions 1-3 refer to the following article.

A children's super hero Gary Endo was born in France but raised in Singapore. He got interested in acting when he was only 4 years old when he saw the movie "*Rising Monster.*" Since then, his dream was to become a hero in a movie. At the age of 10, he joined EST Acting Academy, where some famous figures such as Thomas Jason and Linda Wang learned as well. His commitment to acting has broadened his life after passing the audition for the lead role in a nationally-known TV show, "*Super Student.*" He played a role of Daniel Sheldon, who has psychic ability and solves one problem after another. By this TV show, Gary became popular among not only small children but also young people up to the twenties. Gary's first book "Dreams Come True" will come out next week, and he is scheduled to travel around the country for book-signing events.

1. When did Gary Endo start to learn acting?
   (A) At 4 years old.
   (B) At 10 years old.
   (C) At 16 years old.
   (D) At 20 years old.

2. Why was Gary Endo's life changed?
   (A) He moved to Singapore.
   (B) He solved many problems.
   (C) He acted in *Rising Monster*.
   (D) He passed an audition.

3. What will happen next week?
   (A) Gary's new TV show will start.
   (B) Gary will come back from his trip.
   (C) Gary's book will be published.
   (D) Gary will be interviewed on TV.

1. Ⓐ Ⓑ Ⓒ Ⓓ
2. Ⓐ Ⓑ Ⓒ Ⓓ
3. Ⓐ Ⓑ Ⓒ Ⓓ

Questions 4-6 refer to the following e-mail.

To: Tom Powell
From: Jay Hudson
Date: January 7
Subject: Interested?

Hi Tom,

It's been a while since we last saw each other. I hope you have been doing fine. I am writing this e-mail to introduce you to an open position at Ark Technologies that might interest you. We are now looking for a young and talented marketing director, who will supervise the branches in Asia such as Japan and Korea, and the position is required to travel overseas every month. Since you told me that you are interested in international business, the position may be attractive for you. I'm confident that you are the right person and your experience will help our company do better in the Asian market. Actually, I've already told my boss about you, and she is very interested in you.

If you are interested in the position or want to know more about it, please contact me either by e-mail or by phone at 555-4668 by the end of the week.

Regards,

Jay

4. What is Tom interested in?
   (A) Founding a company.
   (B) Training young people.
   (C) Working internationally.
   (D) Writing professionally.

5. What is mentioned about Ark Technologies?
   (A) It does business in Asia.
   (B) It was established ten years ago.
   (C) It develops computers.
   (D) It has a Japanese president.

6. What has Jay already done?
   (A) Sent his résumé.
   (B) Traveled to Korea.
   (C) Talked with his boss.
   (D) Written a letter.

4. Ⓐ Ⓑ Ⓒ Ⓓ
5. Ⓐ Ⓑ Ⓒ Ⓓ
6. Ⓐ Ⓑ Ⓒ Ⓓ

解答＋解説 （問題文の訳は別冊p.15）

1. [B] 難易度 ★★
ゲイリー・エンドーが演技を学び始めたときをピンポイントで読み取ろう。年齢が複数出てくるから正確に読む必要があるよ。4歳は演技に興味を持った歳で、実際に学び始めたことがわかる内容はAt the age of 10, he joined EST Acting Academyにある。正解は(B)。

2. [D] 難易度 ★★★
人生が変わった理由が問われている。Whyの問題はしっかり読めなくては解けないよ。His commitment to acting has broadened his lifeと人生の幅を広げたことが伝えられ、after passing the audition for the lead role…と主役のオーディションに合格したことがきっかけだと書かれている。ここがカギとなり、正解は(D)。

3. [C] 難易度 ★★
来週のことを読み取ろう。最後の文にGary's first book "Dreams Come True" will come out next week…と来週のことが書かれている。最初の本が出ることがわかるため、正解は(C)。publishは「出版する」という意味。

4. [C] 難易度 ★★★

JayからTomへのメールで、件名は「興味ある？」だ。1問目は「何に興味があるか」だから、内容を読み取ろう。冒頭でメールを書いている理由として、introduce you to an open position at Ark Technologies that might interest youとある。職の空きを伝えたかったんだね。でも、これだけじゃ選択肢を選べない。選択肢の内容はもっと具体的なことで、その職の仕事内容まで読み込まないと解けなさそうだ。募集されているのはマーケティング*部長で、海外出張もあるみたいだね。さらに、Since you told me that you are interested in international businessまで読むとTomが興味を持っている内容がわかる。正解は少し言い換えている(C)。大量に読まされたけど、無事に正解できたかな？

(＊マーケティング：市場のニーズを探り、必要とされるサービスや商品を提供する活動)

5. [A] 難易度 ★★★

Arc Technologiesに関して述べられていることが問われている。この問題は漠然としているから、本文だけ読んでもわからない。選択肢の内容と本文の内容を照らし合わせないと解けない、やや難しめの問題だ。マーケティング部長の役割がsupervise the branches in Asia such as Japan and Koreaとある。つまり、アジアでビジネスをしていることが書かれているため、正解は(A)。

6. [C] 難易度 ★★★

Jayがすでにしたことを読み取ろう。これも漠然とした問題だから、本文の情報をピンポイントで特定することはできないよ。第1段落の最後にI've already told my boss about you, and she is very interested in you.と、上司にTomのことを話したことが伝えられている。このことを指している内容が(C)だね。上司も興味をもってくれたみたいでよかったね。

20日目
模擬試験

模擬試験の取り組み方
- 時計などを用意し、本番の時間に合わせて取り組みましょう。
- リスニングはCDのトラック40から始まります。リスニング（Part 1〜3）の制限時間は25分です。CDは、問題を解くための時間を実際の試験に合わせてあるので、流しっぱなしで解いてみましょう。
- リスニングが終わったら、リーディング（Part 4〜5）に取り掛かります。制限時間は35分です。
- 解答用のマークシートはp.190にあります。コピーするなどして、手元に置いて使いましょう。本番の試験では、問題用紙に書き込みをしてはいけません。
- 解き終えたら、別冊のp.17以降の解答・解説を見ながら答え合わせをしましょう。
- p.191にある「問題タイプ別正解チェック一覧」も活用しましょう。

Listening Part 1

1.

2.

3.

4.

GO ON TO THE PAGE

5.

6.

7.

8.

GO ON TO THE PAGE

9.

10.

11.

12.

GO ON TO THE PAGE

CD 52 13.

CD 53 14.

15.

GO ON TO THE PAGE

Part 2

16. Mark your answer on your answer sheet.
17. Mark your answer on your answer sheet.
18. Mark your answer on your answer sheet.
19. Mark your answer on your answer sheet.
20. Mark your answer on your answer sheet.
21. Mark your answer on your answer sheet.
22. Mark your answer on your answer sheet.
23. Mark your answer on your answer sheet.
24. Mark your answer on your answer sheet.
25. Mark your answer on your answer sheet.
26. Mark your answer on your answer sheet.
27. Mark your answer on your answer sheet.
28. Mark your answer on your answer sheet.
29. Mark your answer on your answer sheet.
30. Mark your answer on your answer sheet.
31. Mark your answer on your answer sheet.
32. Mark your answer on your answer sheet.
33. Mark your answer on your answer sheet.
34. Mark your answer on your answer sheet.
35. Mark your answer on your answer sheet.

Part 3

CD 75 36. Where are the speakers?
 (A) At a post office.
 (B) At an airport.
 (C) At a train station.
 (D) At a hospital.

CD 76 37. What is being announced?
 (A) A demonstration.
 (B) A tour.
 (C) A sale.
 (D) A magazine.

CD 77 38. Where are the speakers?
 (A) At a pharmacy.
 (B) At a clothing shop.
 (C) At a hair salon.
 (D) At a restaurant.

CD 78 39. What time does the store close?
 (A) At 7 P.M.
 (B) At 8 P.M.
 (C) At 9 P.M.
 (D) At 10 P.M.

CD 79 40. Why are the speakers happy?
 (A) They will hire some helps.
 (B) They will attend a seminar.
 (C) They can buy new books.
 (D) They have got a new job.

GO ON TO THE PAGE

41. Who is the speaker?
    (A) A driver.
    (B) A waiter.
    (C) A tour guide.
    (D) A station attendant.

42. What does the man ask the woman to do?
    (A) Buy a plane ticket.
    (B) Reserve a hotel room.
    (C) Check a guidebook.
    (D) Call a travel agency.

43. How many people have come to the event?
    (A) 5 people.
    (B) 10 people.
    (C) 20 people.
    (D) 30 people.

44. When will the project be finished?
    (A) On Tuesday.
    (B) On Wednesday.
    (C) On Thursday.
    (D) On Friday.

45. What is the problem?
    (A) The ship cannot leave the place.
    (B) Some documents are missing.
    (C) The restaurant is closed.
    (D) A trip was cancelled.

46. What kind of jacket does the man want to buy?
    (A) A bright color.
    (B) A simple design.
    (C) A reasonable price.
    (D) A light weight.

47. What does the speaker ask the listener to do?
  (A) Cancel an appointment.
  (B) E-mail the possible time.
  (C) Talk to the doctor.
  (D) Return the call.

48. What does the man plan to do tomorrow?
  (A) Play in a band.
  (B) Go to a concert.
  (C) Take a day off.
  (D) See a client.

49. How can the listeners register for the event?
  (A) By attending a session.
  (B) By completing a form.
  (C) By calling an office.
  (D) By accessing a Web site.

50. What does the woman give the man?
  (A) A manual.
  (B) A telephone number.
  (C) A computer.
  (D) A map.

GO ON TO THE PAGE

Reading Part 4

51. Toshi Matsumoto often plans ------- events with his friends.
    (A) enjoy
    (B) enjoyed
    (C) enjoyable
    (D) enjoyably

52. Employees are required to attend the workshop on successful ------- next month.
    (A) promote
    (B) promotional
    (C) promotionally
    (D) promotion

53. LC Classics ltd. is famous ------- traditional outfits and stylish footwear.
    (A) for
    (B) on
    (C) by
    (D) with

54. Professor Reynolds ------- suggests that every student review all of the handouts for the final examination.
    (A) strong
    (B) strongly
    (C) strength
    (D) strengthen

55. Mark Gonzales has been preparing for opening ------- store on Main Street.
    (A) he
    (B) him
    (C) himself
    (D) his

56. The president of FSE Data ------- the decision officially at the press conference.
(A) announcement
(B) announced
(C) announcer
(D) announcing

57. The manager ------- the details of the survey results to all members at tomorrow's meeting.
(A) provided
(B) will provide
(C) has provided
(D) provides

58. The number of visitors to Hawaii has increased ------- after the movie featuring the resort came out.
(A) proudly
(B) importantly
(C) formally
(D) sharply

59. The baseball game scheduled for yesterday was cancelled ------- the bad weather.
(A) due to
(B) because
(C) and
(D) while

60. If you need to receive your orders as soon as possible, express delivery is available at ------- cost.
(A) add
(B) addition
(C) additionally
(D) additional

GO ON TO THE PAGE

61. Anyone ------- has a library card can enter the museum free of charge.
(A) whose
(B) what
(C) who
(D) which

62. Lisa Johnson spoke ------- than any other participant at the speech contest.
(A) long
(B) the longest
(C) length
(D) longer

63. Grand Shines Theater is popular because of its -------, as it is only a three-minute walk from the station.
(A) construction
(B) operation
(C) subscription
(D) location

64. The Personnel Department holds leadership seminars ------- for new managers.
(A) regularly
(B) hopefully
(C) quickly
(D) dramatically

65. Seats must ------- at least two weeks before the Annual Convention.
(A) reservation
(B) be reserved
(C) reserve
(D) reserving

66. Please complete the attached form, and send ------- to the registration office by the end of the month.
(A) us
(B) them
(C) it
(D) you

67. To apply for membership, you are required to submit ------- the application form and a copy of your photo identification.
(A) both
(B) despite
(C) either
(D) neither

68. Wave Beverages has produced new soft drinks, and customers can ------- them at major stores.
(A) sell
(B) sample
(C) spend
(D) schedule

69. Students at West University ------- various workshops in order to learn new skills.
(A) attending
(B) attend
(C) attends
(D) attendance

GO ON TO THE PAGE

70. Members of the frequent flyer program can take ------- of the airport lounge.
    (A) care
    (B) advantage
    (C) flight
    (D) operation

71. If you need to search for any books, please speak ------- to one of our librarians.
    (A) fluently
    (B) locally
    (C) directly
    (D) partly

72. We are currently seeking experienced salespeople ------- work responsibilities include domestic and foreign business trips.
    (A) what
    (B) which
    (C) who
    (D) whose

73. ------- most of our staff members have only a little experience, our sales reached much higher than we had expected.
    (A) Because
    (B) Until
    (C) Even though
    (D) But

74. James Anderson received an ------- to the party to celebrate the Chicago Grand Institute's tenth anniversary.
    (A) invitation
    (B) organization
    (C) attendance
    (D) experience

75. The complete line of our products are offered at up to a 40 percent discount ------- next Sunday.
    (A) until
    (B) on
    (C) in
    (D) into

76. The ------- schedule for the internship has been posted on the student hall.
    (A) professional
    (B) light
    (C) eligible
    (D) complete

77. After checking the document, the analyst will send the ------- data to us.
    (A) update
    (B) updated
    (C) updating
    (D) to update

78. The designers have decided to ------- with the marketing department to promote new products.
    (A) continue
    (B) consist
    (C) collaborate
    (D) conclude

79. For further information, please feel ------- to contact us by e-mail or by phone.
    (A) free
    (B) bright
    (C) simple
    (D) away

80. Workers at the customer support center are required to talk ------- to customers.
(A) variously
(B) early
(C) usefully
(D) clearly

Part 5

Questions 81 – 82 refer to the following receipt.

```
           Roundel Books
           Hasting Street
           (416) 555-0110
 1   Toronto Times          $1.50
 1   Monthly News Updates   $2.50
 1   Tourist Journal        $6.50
 1   Grand Music            $5.00
     Subtotal               $15.50
     Total Tax              $1.55
                            Total: $ 17.05
                            Cash: $ 20.00
                            Change: $ 2.95

        Date: April 21 4:33 P.M.
 All returns must be accompanied by a receipt.
```

81. When did the customer buy some items?
    (A) In the early morning.
    (B) In the late morning.
    (C) In the early afternoon.
    (D) In the late afternoon.

82. What is the most expensive item?
    (A) Toronto Times.
    (B) Monthly News Updates.
    (C) Tourist Journal.
    (D) Grand Music.

GO ON TO THE PAGE

Questions 83 - 84 refer to the following invoice.

<u>Invoice</u>
Premcom
www.prem-com.com

Ship to:
Ms. Rachael Green
3150 Pacific Drive
Oakville

Item	Price
1 Laptop computer AXQ200s	$100.00
1 Laptop battery for AXQ200s 2 DHK computer speaker Tax	$30.00 $40.00 $17.00
Total	$187.00

Order Date: October 28
Payment: Credit Card
Expected Delivery Date: November 4

Please call the Customer Service Department for inquiries at 555-6996.

83. What kind of business is Premcom?
 (A) A restaurant.
 (B) A furniture store.
 (C) An appliance store.
 (D) A grocery store.

84. When were the items ordered?
 (A) On October 24.
 (B) On October 28.
 (C) On November 2.
 (D) On November 4.

Questions 85 – 86 refer to the following notice.

NOTICE

Welcome to the Newtown Theater. To enjoy a live theater performance, there are some basic rules to follow.
- Turn off your mobile phone.
- Do not speak during the performance.
- Do not take pictures during the performance.
- Do not eat or drink in the theater.

Information about upcoming performances is available at the information desk or on our Web site.

BOX OFFICE HOURS
Weekdays: 10:00 A.M. – 6:00 P.M.
Saturday: 12:00 noon – 5:00 P.M.

85. What is NOT mentioned in the information?
    (A) Eating is prohibited in the building.
    (B) Taking pictures is not allowed.
    (C) People can buy tickets online.
    (D) People cannot use a mobile phone.

86. When can the tickets be purchased at the theater?
    (A) Thursday, 9:00 A.M.
    (B) Friday, 10:00 A.M.
    (C) Saturday, 10:00 A.M.
    (D) Sunday, 5:00 P.M.

GO ON TO THE PAGE

Questions 87 – 89 refer to the following advertisement.

Job Opportunity

A leading sports equipment distributor Park Goods is currently looking for motivated and hard-working sales people to work in a fast-paced international environment.

Required Qualifications:
* Fluent English and Japanese
* Ability to work under stress
* Minimum 5 years sales experience
* Flexibility

Please submit your resume along with a cover letter stating why you think you are right for this position to welovefun@parkgoods.com. For detailed job descriptions, please visit our Web site at www.parkgoods.com/jobdetails.html.

87. What position is being advertised?
    (A) Amateur athletes.
    (B) Software engineers.
    (C) Translators.
    (D) Sales staff.

88. What is NOT one of the requirements?
    (A) Ability to speak two languages.
    (B) Flexibility.
    (C) College degree.
    (D) Previous experience.

89. How can interested people get more information?
    (A) By calling Park Goods.
    (B) By visiting the Web site.
    (C) By reading the next page.
    (D) By joining a job fair.

Questions 90 – 91 refer to the following e-mail.

To: Mona Wright
From: Carl Sagan
Date: July 30
Subject: Annual Health Checkup

Dear Ms. Wright,

I am just writing to confirm my appointment tomorrow at 9 A.M. for my annual health checkup.
I was asked to bring my identification card tomorrow, but do I need to bring anything else?
I would appreciate it if you could confirm it and e-mail me by 6 P.M. today. Thank you so much for your attention to this matter.
I look forward to hearing from you soon.

Regards,
Carl Sagan

90. What is the purpose of the e-mail?
    (A) To arrange a new time.
    (B) To confirm an appointment.
    (C) To introduce a book.
    (D) To ask about a result.

91. What does Mr. Sagan ask Ms. Wright to do?
    (A) Cancel the appointment.
    (B) Prepare a document.
    (C) Reply to the question.
    (D) Order some equipment.

Questions 92 – 93 refer to the following information.

Gibson Elevators
Annual elevator maintenance for Takahara Building will be held as follows:

	Elevator	Time
January 10	Elevator A Wing 1	8:00 A.M. - 11:00 A.M.
January 11	Elevator B Wing 1	11:00 A.M. - 2:00 P.M.
January 12	Elevator C Wing 2	1:00 P.M. - 4:00 P.M.
January 13	Elevator D Wing 2	1:00 P.M. - 4:00 P.M.

There will be three elevators operating at all times to avoid any inconvenience to the office workers. We appreciate your cooperation in this necessary maintenance check. Your safety is our priority. Please call Bob Young, who supervises the building, at 555-6066, if you have any questions or concerns. Thank you.

92. How many elevators will be operating during the work?
    (A) One.
    (B) Two.
    (C) Three.
    (D) Four.

93. Who is Bob Young?
    (A) The building tenant.
    (B) The building supervisor.
    (C) The maintenance worker.
    (D) The elevator operator.

Questions 94 – 95 refer to the following notice

Dear KU Business School Community:　　　　　　Posted March 10

This is an important notice for everyone to keep in mind. From next month, we are going to use a new system to inform you of class cancellations. Currently you can get the information through our Web site at www.kubusinessschool.com. In addition to that, you will get the information via a text message or an e-mail using the KU alert system.

All the students and faculty members must register for the system in advance. Please visit our Web site and finish registering by the end of this month. For more information, please e-mail kualert@kubusinessschool.com.

94. What is the purpose of the information?
 (A) To notify people of a new system.
 (B) To announce a business course.
 (C) To invite people to an event.
 (D) To provide some schedule changes.

95. When is the deadline for the registration?
 (A) March 10.
 (B) March 31.
 (C) Aril 1.
 (D) April 30.

GO ON TO THE PAGE

Question 96 – 98 refer to the following letter.

Dear Mr. Lopez,

The organizing committee is pleased to invite you as our guests to the award presentation of the Quarterly Business Plan Competition, which is scheduled on Sunday, November 22 at 6 P.M. at the Karpa Hall.

We will cover the attendance fee for you. During the event, refreshments will be served next to the reception area. Please feel free to come and enjoy them.

Transportation by shuttle bus is provided between the hotels and the Karpa Hall before and after the event.

Ronald Beck
Organizing Committee

96. How often is the event held?
   (A) Once a week.
   (B) Once a month.
   (C) Once every three months.
   (D) Once a year.

97. Where can participants get some food and drinks?
   (A) Near the reception area.
   (B) Next to the bus stop.
   (C) On the second floor of the hall.
   (D) In the ballroom.

98. What will be offered to attendees?
   (A) Movie tickets.
   (B) Transportation.
   (C) Hotel rooms.
   (D) A map to a place.

Questions 99 – 100 refer to the following e-mail.

To: Jonathon Miles
From: Grace Kelly
Date: May 20
Subject: Reservation

Dear Mr. Miles,

Thank you very much for meeting with me yesterday. I was able to understand which facilities we should use.
I talked with my supervisor about the rooms this morning. As a result, we would like to reserve the eight rooms that we discussed yesterday for my company's all-staff meeting, which is scheduled on June 1. Also, we would like to reserve the large meeting room that includes a projector and screen.
Please confirm this reservation at your earliest convenience.

Sincerely,
Grace Kelly

99. What did Ms. Kelly do yesterday?
    (A) She stayed at a hotel.
    (B) She started to work at the hotel.
    (C) She talked with her supervisor.
    (D) She had a meeting with Mr. Miles.

100. What does Ms. Kelly request?
    (A) Rescheduling an event.
    (B) Repairing machines.
    (C) Using equipment.
    (D) Holding a party.

GO ON TO THE PAGE

TEOIC BRIDGEテスト模擬試験用解答用紙

LISTENING (Part 1 ～ 3)

No.	ANSWER	No.	ANSWER	No.	ANSWER	No.	ANSWER	No.	ANSWER
	A B C D		A B C D		A B C D		A B C D		A B C D
1	Ⓐ Ⓑ Ⓒ Ⓓ	11	Ⓐ Ⓑ Ⓒ Ⓓ	21	Ⓐ Ⓑ Ⓒ	31	Ⓐ Ⓑ Ⓒ	41	Ⓐ Ⓑ Ⓒ Ⓓ
2	Ⓐ Ⓑ Ⓒ Ⓓ	12	Ⓐ Ⓑ Ⓒ Ⓓ	22	Ⓐ Ⓑ Ⓒ	32	Ⓐ Ⓑ Ⓒ	42	Ⓐ Ⓑ Ⓒ Ⓓ
3	Ⓐ Ⓑ Ⓒ Ⓓ	13	Ⓐ Ⓑ Ⓒ Ⓓ	23	Ⓐ Ⓑ Ⓒ	33	Ⓐ Ⓑ Ⓒ	43	Ⓐ Ⓑ Ⓒ Ⓓ
4	Ⓐ Ⓑ Ⓒ Ⓓ	14	Ⓐ Ⓑ Ⓒ Ⓓ	24	Ⓐ Ⓑ Ⓒ	34	Ⓐ Ⓑ Ⓒ	44	Ⓐ Ⓑ Ⓒ Ⓓ
5	Ⓐ Ⓑ Ⓒ Ⓓ	15	Ⓐ Ⓑ Ⓒ Ⓓ	25	Ⓐ Ⓑ Ⓒ	35	Ⓐ Ⓑ Ⓒ	45	Ⓐ Ⓑ Ⓒ Ⓓ
6	Ⓐ Ⓑ Ⓒ Ⓓ	16	Ⓐ Ⓑ Ⓒ	26	Ⓐ Ⓑ Ⓒ	36	Ⓐ Ⓑ Ⓒ Ⓓ	46	Ⓐ Ⓑ Ⓒ Ⓓ
7	Ⓐ Ⓑ Ⓒ Ⓓ	17	Ⓐ Ⓑ Ⓒ	27	Ⓐ Ⓑ Ⓒ	37	Ⓐ Ⓑ Ⓒ Ⓓ	47	Ⓐ Ⓑ Ⓒ Ⓓ
8	Ⓐ Ⓑ Ⓒ Ⓓ	18	Ⓐ Ⓑ Ⓒ	28	Ⓐ Ⓑ Ⓒ	38	Ⓐ Ⓑ Ⓒ Ⓓ	48	Ⓐ Ⓑ Ⓒ Ⓓ
9	Ⓐ Ⓑ Ⓒ Ⓓ	19	Ⓐ Ⓑ Ⓒ	29	Ⓐ Ⓑ Ⓒ	39	Ⓐ Ⓑ Ⓒ Ⓓ	49	Ⓐ Ⓑ Ⓒ Ⓓ
10	Ⓐ Ⓑ Ⓒ Ⓓ	20	Ⓐ Ⓑ Ⓒ	30	Ⓐ Ⓑ Ⓒ	40	Ⓐ Ⓑ Ⓒ Ⓓ	50	Ⓐ Ⓑ Ⓒ Ⓓ

READING (Part 4 ～ 5)

No.	ANSWER	No.	ANSWER	No.	ANSWER	No.	ANSWER	No.	ANSWER
	A B C D		A B C D		A B C D		A B C D		A B C D
51	Ⓐ Ⓑ Ⓒ Ⓓ	61	Ⓐ Ⓑ Ⓒ Ⓓ	71	Ⓐ Ⓑ Ⓒ Ⓓ	81	Ⓐ Ⓑ Ⓒ Ⓓ	91	Ⓐ Ⓑ Ⓒ Ⓓ
52	Ⓐ Ⓑ Ⓒ Ⓓ	62	Ⓐ Ⓑ Ⓒ Ⓓ	72	Ⓐ Ⓑ Ⓒ Ⓓ	82	Ⓐ Ⓑ Ⓒ Ⓓ	92	Ⓐ Ⓑ Ⓒ Ⓓ
53	Ⓐ Ⓑ Ⓒ Ⓓ	63	Ⓐ Ⓑ Ⓒ Ⓓ	73	Ⓐ Ⓑ Ⓒ Ⓓ	83	Ⓐ Ⓑ Ⓒ Ⓓ	93	Ⓐ Ⓑ Ⓒ Ⓓ
54	Ⓐ Ⓑ Ⓒ Ⓓ	64	Ⓐ Ⓑ Ⓒ Ⓓ	74	Ⓐ Ⓑ Ⓒ Ⓓ	84	Ⓐ Ⓑ Ⓒ Ⓓ	94	Ⓐ Ⓑ Ⓒ Ⓓ
55	Ⓐ Ⓑ Ⓒ Ⓓ	65	Ⓐ Ⓑ Ⓒ Ⓓ	75	Ⓐ Ⓑ Ⓒ Ⓓ	85	Ⓐ Ⓑ Ⓒ Ⓓ	95	Ⓐ Ⓑ Ⓒ Ⓓ
56	Ⓐ Ⓑ Ⓒ Ⓓ	66	Ⓐ Ⓑ Ⓒ Ⓓ	76	Ⓐ Ⓑ Ⓒ Ⓓ	86	Ⓐ Ⓑ Ⓒ Ⓓ	96	Ⓐ Ⓑ Ⓒ Ⓓ
57	Ⓐ Ⓑ Ⓒ Ⓓ	67	Ⓐ Ⓑ Ⓒ Ⓓ	77	Ⓐ Ⓑ Ⓒ Ⓓ	87	Ⓐ Ⓑ Ⓒ Ⓓ	97	Ⓐ Ⓑ Ⓒ Ⓓ
58	Ⓐ Ⓑ Ⓒ Ⓓ	68	Ⓐ Ⓑ Ⓒ Ⓓ	78	Ⓐ Ⓑ Ⓒ Ⓓ	88	Ⓐ Ⓑ Ⓒ Ⓓ	98	Ⓐ Ⓑ Ⓒ Ⓓ
59	Ⓐ Ⓑ Ⓒ Ⓓ	69	Ⓐ Ⓑ Ⓒ Ⓓ	79	Ⓐ Ⓑ Ⓒ Ⓓ	89	Ⓐ Ⓑ Ⓒ Ⓓ	99	Ⓐ Ⓑ Ⓒ Ⓓ
60	Ⓐ Ⓑ Ⓒ Ⓓ	70	Ⓐ Ⓑ Ⓒ Ⓓ	80	Ⓐ Ⓑ Ⓒ Ⓓ	90	Ⓐ Ⓑ Ⓒ Ⓓ	100	Ⓐ Ⓑ Ⓒ Ⓓ

問題タイプ別正解チェック一覧

模擬試験の答え合わせをしたら、正解した問題番号を以下の表から見つけて丸をつけましょう。丸がつかなかったところは、表の右端にある「復習日」に戻って、復習しましょう。繰り返し解いて、全問正解を目指しましょう。

		問題番号								復習日
Part 1	人物の描写	1	2	3	4	6	7	8	10	14	1日目
	物の描写	5	9	11	12	13	15				2日目
Part 2	WH	16	17	20	21	24	29	31			3日目
	Yes/No	19	22	23	25	27	28	34			4日目
	依頼・提案	18	30								5日目
	報告・確認	26	32	33	35						6日目
Part 3	会話の概要	36	38								7日目
	会話の詳細	40	42	44	46	48	50				8日目
	トークの概要	37	41								9日目
	トークの詳細	39	43	45	47	49					10日目
Part 4	品詞	51	52	54	56	60	64	71	74		11日目
	動詞	57	65	69	77						12日目
	代名詞	55	66								13日目
	接続詞	59	67	73							14日目
	関係詞	61	72								13日目
	比較	62									
	語彙	58	63	68	76	78	80				15日目
	前置詞	53	75								14日目
	フレーズ	70	79								15日目
Part 5	フォーム系	81	82	83	84						16日目
	箇条書き系	85	86	87	88	89					17日目
	短めの文書	90	91	92	93	99	100				18日目
	長めの文書	94	95	96	97	98					19日目

No.62の比較は教科書、参考書等で確認してください。

● **著者**
早川幸治(はやかわこうじ)

ニックネームはJay。IT企業（SE）から英語教育の世界へ転身し、ECCでの英会話講師を経て、現在は株式会社ラーニングコネクションズの代表として、TOEIC®テスト対策や英語学習法を指導。これまでに担当した企業は、全国で80社を超える。また 明海大学や桜美林大学、早稲田大学、明徳義塾高校などでも教えている。高校2年で英検4級不合格となり、その苦手意識を克服した経験から、学習者サポートにも力を入れている。著書は『TOEIC®テスト書き込みドリル』シリーズ（桐原書店）、『TOEICテスト出る語句1800+』（コスモピア）など30冊以上。雑誌English Journal（アルク）やNHKラジオ「入門ビジネス英語」テキストで連載中。
TOEIC®テスト990点（満点）、TOEIC BRIDGE®テスト180点（満点）取得。
ブログ：「今日から始める英語トレーニング」http://ameblo.jp/jay-english/
メルマガ：毎日配信　基礎単語メール　http://www.jay-toeic.com/
twitter：@jay_toeic
Eメール：jay@jay-toeic.com

● 英文校正　佐藤誠司
● 本文デザイン　松崎知子
● イラスト　Igloo*dining*
● CD制作　一般財団法人英語教育協議会（ELEC）
● 編集協力　株式会社エディポック（古川陽子）
● 編集担当　柳沢裕子（ナツメ出版企画株式会社）

ナツメ社Webサイト
http://www.natsume.co.jp
書籍の最新情報(正誤情報を含む)は
ナツメ社Webサイトをご覧ください。

TOEIC BRIDGE® Test はじめてでも150点突破

2016年8月1日　初版発行

著　者	早川幸治	©Hayakawa Koji, 2016
発行者	田村正隆	

発行所　株式会社ナツメ社
　　　　東京都千代田区神田神保町1-52 ナツメ社ビル1F（〒101-0051）
　　　　電話　03(3291) 1257(代表)　　FAX　03(3291) 5761
　　　　振替　00130-1-58661
制　作　ナツメ出版企画株式会社
　　　　東京都千代田区神田神保町1-52 ナツメ社ビル3F（〒101-0051）
　　　　電話　03(3295) 3921(代表)
印刷所　ラン印刷社

ISBN978-4-8163-6065-7　　　　　　　　　　　　　　　Printed in Japan
＜定価はカバーに表示してあります＞
＜落丁・乱丁本はお取り替えいたします＞

　本書に関するお問い合わせは、上記、ナツメ出版企画株式会社までお願いいたします。

本書の一部または全部を、著作権法で定められている範囲を超え、ナツメ出版企画株式会社に無断で複写、複製、転載、データファイル化することを禁じます。

TOEIC対策専門講師
早川幸治 著

TOEIC BRIDGE® Test はじめてでも150点突破

別冊

Part 3、5 問題文訳 ………… 1
模擬試験解答・解説 ………… 17
覚えておこう！基本単語集 …… 47

ナツメ社

Part 3 リスニング　会話問題

7日目　会話の概要

力だめし！（本冊p.67）
音声問題文と訳

1. オーストラリア　イギリス

M: Excuse me, I'd like to send flowers to my boss for her retirement.

W: Here's the catalog, and you can choose the one you like.

M: I'd like a bouquet with roses and some other beautiful flowers. What would you recommend?

男：すみません。上司が引退するので花を贈ろうと思っているのですが。

女：ここにカタログがあります。お好きな1つを選べますよ。

男：バラとほかにもいくつか美しい花でできた花束がいいんです。お薦めは何ですか。

1．話し手はどこにいますか。
(A) 食料品店に。
(B) パン屋に。
(C) 書店に。
(D) **花屋に。**

2. イギリス　アメリカ

W: Where should we get off to visit the museum? I forgot the name of the bus stop.

M: I think it's still four or five stops away. The museum will be on our right after we pass the city hall. Anyway, there'll be an announcement from the driver.

W: Oh, really? So we are almost there!

女：美術館へ行くにはどこで降りなければなりませんか。バス停の名前を忘れてしまいました。

男：まだ4～5個先だと思います。美術館は市役所を過ぎたら右側に見えます。とにかく、運転手のアナウンスがあるでしょう。

女：ああ、本当に？ だったら、もうほとんどそこにいるようですね。

2．話し手はどこにいますか。
(A) **バスに。**
(B) 市役所に。
(C) 飛行機に。
(D) 美術館に。

3. オーストラリア　イギリス

M: Excuse me, I'm looking for one of these books on my reading assignment list. Do you know where it is?

W: Sure, I can help you with that. Why don't you search for the books you need on this reference computer.

M: Well, I've never used it, so could you tell me how to use it?

男：すみません。私の読書割り当てリス

トの中から1冊の本を探しています。どこにあるか、知っていますか。

女：もちろん、あなたのお手伝いをすることができますよ。このレファレンス用のコンピュータで必要な本を探してはどうですか。

男：ええ、私はそれを使ったことが一度もないので、使い方を教えてくださいますか。

3．女性はだれですか。
(A) 大工。
(B) **司書。**
(C) シェフ。
(D) 会計士。

8日目 会話の詳細

✓ **Check!**（本冊p.72）
音声問題文と訳

1

1. アメリカ イギリス

M：Do you know what time the post office closes on Saturdays? Is it 6:00?
W：No, it's open until 5:00 on Saturdays.
男：土曜日に郵便局が何時に閉まるか、知っていますか。6時ですか。
女：いいえ、土曜日は5時まで開いています。

2. イギリス オーストラリア

W：Jack, I haven't seen you for a while. Have you been out of town?
M：Yes, I've just come back from Singapore, but I need to go to Korea next week.
女：ジャック、しばらく会わなかったわね。町から出ていたの？
男：ああ、ちょうどシンガポールから戻ったところだよ。でも、来週は韓国に行く必要があるんだ。

3. アメリカ イギリス

M：I heard that the train has been delayed due to mechanical trouble.
W：We were right to drive to the convention center. We couldn't have been on time if we had taken the train.
男：電車が機械トラブルのために遅れていると聞いたよ。
女：コンベンションセンターまで運転してきて正しかったわ。もし電車に乗っていたら、時間に間に合わなかった。

4. イギリス オーストラリア

W：Are you going to come to the party tomorrow?
M：Actually, I was going to, but I have to meet a client at her office.
女：明日のパーティーに来ますか。
男：実は、その予定だったのですが、先方のオフィスで顧客に会わなければならないんです。

5. (アメリカ)(イギリス)

M：Do you have the tickets to the concert? I have only a flyer with me.
W：Don't worry, Sam. We'll pick them up at the counter when we arrive at the hall.
男：コンサートのチケットを持ってる？ 僕、チラシだけ持ってきたんだ。
女：心配しないで、サム。ホールに着いたらカウンターで受け取るの。

2

1. (オーストラリア)(イギリス)

M：Have you heard that the new Italian restaurant is very good?
W：Oh, really? Let's go there next week!
男：新しいイタリアンレストランがとてもいいって聞いた？
女：まあ、そうなの？ 来週そこへ行きましょうよ！

2. (アメリカ)(イギリス)

M：I bought this jacket at Dotson's Clothing, but it's too small. I'll go back and exchange it for a larger size.
W：You should. But don't forget to take the receipt with you.
男：ドットソン衣料品店でこのジャケットを買ったんだけど、とても小さいんだ。戻って大きいサイズに交換してもらうよ。
女：そうすべきね。でも、レシートを持っていくのを忘れないで。

3. (オーストラリア)(イギリス)

M：What's wrong, Sally? You look worried.
W：Yes, I need to contact Mr. Lopez, but I can't remember where I've left his business card.
男：どうかしたの、サリー？ 心配そうに見えるよ。
女：ええ。ロペスさんに連絡しなくてはならないんだけど、彼の名刺をどこへやったか思い出せないの。

力だめし！（本冊p.74）
音声問題文と訳

1. (イギリス)(アメリカ)

W：Robert, have you bought an airplane ticket for the business trip? If not, why don't we go together?
M：Sounds good. I prefer to arrive in Tokyo early so that I can relax at a hotel.
W：OK. Here's the schedule for the flights to Tokyo. Let me know what time is convenient for you.
女：ロバート、出張のための航空券を買った？ もし買っていないなら、一緒に行かない？
男：それはいい。ホテルでゆっくりできるよう、東京に早く着くほうがいいんだ。

女：わかった。東京行きの便の時刻表をどうぞ。どの時間が都合がいいか、知らせて。

1．女性は男性に何を渡しますか。
(A) 地図。
(B) 鍵。
(C) チケット。
(D) **時刻表**。

---

2. オーストラリア イギリス

M：Mellissa, I made a poster design for the sale we are planning next month.

W：Oh, I'd like to take a look. Could you send it to me by e-mail?

M：Sure. Let me know if I can do something to make the design more attractive.

男：メリッサ、来月に予定しているセールのポスターをデザインしたよ。

女：ああ、見てみたいわ。それ、メールで送っていただける？

男：もちろん。デザインをもっと魅力的にするためにできることがあれば、知らせて。

2．女性は男性に何を頼んでいますか。
(A) **デザインを送ること**。
(B) 説明書を読むこと。
(C) コピーをとること。
(D) ポスターを変えること。

---

3. アメリカ イギリス

M：Paula, have you received the report from Jack? We need to send everything to the marketing department by tomorrow.

W：No problem! I'm printing it out now, we can review it in a few minutes.

M：Oh, good. Then the task will be done as scheduled.

男：ポーラ、ジャックからレポートを受け取った？ 明日、マーケティング部門にすべてを送信する必要があるんだ。

女：問題ないわよ！ 今、それを出力しているところ。数分で検討することができるわ。

男：ああ、よかった。それなら予定どおり、仕事はこなせそうだ。

3．なぜ話し手は喜んでいますか。
(A) 彼らは明日、休みを取れる。
(B) 彼らは誕生日会に参加する。
(C) **彼らは時間どおり仕事を終える**。
(D) 彼らはプレゼンコンテストに勝った。

9日目 トークの概要

✓Check!（本冊p.79）
音声問題文と訳

1 イギリス

1．Thank you for shopping at Central Electronics.（セントラルエレクトロニクスでのお買い物、ありがとうございます）

2．The next train bound for International Airport has been delayed due to bad weather.（国際空港行

きの次の列車は、悪天候のため遅れています)

3. Before we start today's <u>class</u>, I need to collect <u>your homework</u> that I assigned to you last week. (今日の授業を始める前に、私は、先週君たちに割り当てた宿題を集める必要があります)

4. The <u>game</u> will begin in a few minutes, so please go back to <u>your seat</u>. (試合は数分で始まりますので、席に戻ってください)

2 オーストラリア

1. Welcome aboard National <u>Airlines, Flight</u> 107. (ナショナル航空107便にようこそ)

2. <u>As the president</u> of Gans Quest, I'm happy to announce the tenth anniversary of our company's foundation. (ガンズクエストの社長として、私は我が社設立十周年を発表することをうれしく思います)

3. This is the 9:00 <u>traffic report</u> with Matthew Park. (マシュー・パークによる9時の交通情報です)

4. Now, please <u>open your textbook</u> to page 19, which introduces the basics of programming. (さて、教科書の19ページを開いてください。プログラミングの基礎が紹介されています)

3 アメリカ

1. Before we start, I'd like to <u>announce a change to the program</u>. (始める前に、プログラムの変更をお知らせします)

2. Our products are now <u>offered</u> at up to <u>40 percent off</u> our regular prices. (当社の製品は、現在当社通常価格の最大40％オフで提供されています)

3. We are sorry, but <u>the air-conditioner is out of order</u>, and the room is now a little too hot. (申し訳ありませんが、エアコンが故障しているため、現在、お部屋が少し暑くなっています)

4. At the end of the workshop, <u>please fill out the survey</u>. Thank you for your cooperation. (ワークショップの最後に、アンケートをご記入ください。ご協力ありがとうございます)

💡 **力だめし！** (本冊p.81)
音声問題文と訳

1. イギリス

Thank you for shopping at Shine Dome's. We are now offering a large discount on many items from printers to vacuum cleaners to coffee makers. This offer is until the end of the month, so please hurry. Once again, thank you very much for shopping with us.

シャインドームの店でのお買い物、あり

がとうございます。私たちは今、プリンターから掃除機、コーヒーメーカーまで多くの品物に大幅な割引を提供しています。これは月末までとなっていますので、お急ぎください。改めまして、私たちの店でのお買い物をどうもありがとうございます。

１．アナウンスはどこでされていますか。
(A) 電車の駅で。
(B) **電器店で。**
(C) 食料品店で。
(D) 空港で。

---

2. オーストラリア

Ladies and gentlemen, thank you for joining us today. As you know, computers are essential for our daily lives. Before we start, let's watch a short video to learn how computers are used in many fields such as sports arenas and editing movies.

皆さん。今日はお越しくださってありがとうございます。ご存じのとおり、コンピュータは私たちの日々の生活において基本的なものとなっています。始める前に、コンピュータが、スポーツ競技場や映画編集など多くの分野でどのように使用されているか学ぶために、短いビデオを見てみましょう。

２．話し手はどこにいますか。
(A) 映画館に。
(B) スポーツイベントに。
(C) 就職フェアに。
(D) **技術研修に。**

---

3. イギリス

On February 20, a charity concert will be held at the National Park hosted by the City Library. A famous band the Chasers will perform on the main stage. Tickets will be available from tomorrow at Matric Store. The National Park doesn't have enough parking space, so please come to the park by bus or taxi. It's only one-minute walk from the bus stop. It'll be held from 10 A.M. to 5 P.M. If you have any questions, please visit our Web site at www.city-library-kinds.com.

2月20日、チャリティコンサートが市立図書館主催で国立公園にて開催されます。有名なバンドthe Chasersはメインステージで演奏します。チケットはマトリックストアで明日からご用意いたします。国立公園には十分な駐車スペースがないため、バスまたはタクシーでご来園ください。バス停からは歩いてたったの1分です。これは、午前10時から午後5時まで開催されます。ご質問がある場合はwww.city-library-kinds.comのウェブサイトをご覧ください。

３．何がアナウンスされていますか。
(A) **チャリティイベント。**
(B) バスのサービス。
(C) 季節のセール。
(D) 店のオープン。

10日目 トークの詳細

✔**Check!** (本冊p.86)
音声問題文と訳

1 (オーストラリア)

1. We are holding an annual summer sale, starting this weekend. (毎年の夏のセールが今週末に始まります)

2. Welcome to the evening comedy show. I'm your host, Tony Leed. Let's have a funny time for 45 minutes together. (イブニングコメディーショーにようこそ。あなたのホスト役、トニー・リードです。一緒におもしろい45分を楽しみましょう)

3. Our fantastic single-day tour includes various activities such as a ferry ride, and it's only 50 dollars! (私たちの素晴らしい1日ツアーは、フェリーに乗ることを含めて様々なアクティビティが含まれていて、たったの50ドルです!)

4. You seemed to leave your file on the photocopier, so I put it on your desk. (あなたがコピー機の上にファイルを置き忘れたようなので、あなたの机の上に置いておきました)

5. I was going to return to the office on Tuesday, but I need to stay in Nagoya for one more night, and come back the next day. (私は火曜日に事務所に戻るつもりでしたが、名古屋にもう1晩滞在しなければならず、次の日に戻ってきます)

2

1. (アメリカ)

Ladies and gentlemen. If you are interested in a play, you can buy a ticket for a 20 percent discount. I'll give you a map with the directions to the theater on it, and please present it at the ticket counter. (皆さん。もし、演劇に興味がある場合は、20%割引のチケットを購入することができます。劇場への行き方を示した地図を差し上げますので、チケットカウンターでそれを提示してください)

2. (イギリス)

Hello, Jack. I'm calling to see if you have time this weekend to help me. I'm moving to a new apartment, and I need to put everything in boxes. I'll treat you to dinner at a restaurant in the evening, so if you can help me, please call me back. (こんにちは、ジャック。この週末、手伝ってくれる時間があるかどうか知りたくて電話しています。新しいアパートに引っ越すから、すべての物を箱詰めしなければならないの。夜に、レストランで夕食をおごるから、手伝ってもらえるならば、折り返し電話ちょうだい)

3. (オーストラリア)

Thank you for shopping at Rark Town Store. Before we enjoy this year's holiday season, we will have a regular store renovation. We will be closed for one week, starting tomorrow. We apologize for any inconvenience. We will reopen on the 20th, Monday.

(ラークタウン店でお買い物していただきありがとうございます。今年のホリデーシーズンを楽しむ前に、我々は定期の改装を予定しています。明日から1週間、閉店します。ご不便をおかけして申し訳ございません。お店は、20日月曜日に再開されます)

💡 力だめし！ （本冊p.88）
音声問題文と訳

1. (イギリス)

Welcome to the Snowflake Milk Factory. I'm Catherine Harper, your guide today. Now, I'd like to explain briefly about our factory for about 15 minutes before moving on to the one-hour tour. At the end of the tour, you can sample fresh milk. First, let me give you a flyer.

(スノーフレークミルク工場へようこそ。私は今日ガイドを務めるキャサリン・ハーパーです。1時間のツアーを開始する前に約15分間、私たちの工場について簡単に説明したいと思います。ツアーの最後には、新鮮な牛乳を試飲することができます。初めに、チラシをお渡しします)

1．ツアーはどのくらいの長さですか。

(A) 15分間。
(B) 30分間。
(C) 45分間。
(D) **60分間**。

2. (オーストラリア)(イギリス)(アメリカ)

Before we close the meeting, I have an announcement to make. As you know, we will have a series of events next year. If you are interested, you can register at the information desk. For more information, please visit our Web site.

(会議を終了する前に、お知らせがあります。ご存じのように、私たちは来年、シリーズのイベントを予定しています。もし興味がおありなら、インフォメーションデスクで登録できます。詳細については、当社のウェブサイトをご参照ください)

2．聞き手はイベントの登録をどこですることができますか。

(A) **インフォメーションデスクで**。
(B) ウェブサイトで。
(C) 部屋の後ろで。
(D) 図書館で。

3. (オーストラリア)

Attention passengers with tickets for the 3:00 express bound for the International Airport. Due to mechanical trouble, it has been delayed for about 30 minutes. If you want to get a full refund, please come to the ticket counter. We apologize for the inconvenience.

（3時の急行国際空港行きチケットをお持ちのお客様にお知らせします。機械トラブルのため、電車は約30分遅れています。全額払い戻しをされたい場合は、チケットカウンターにお越しください。ご不便をおかけし申し訳ありません）

3．問題は何ですか。
(A) チケットが売り切れた。
(B) 飛行機がキャンセルされた。
(C) **電車が遅れている。**
(D) 書類が見つからない。

---

4. ［アメリカ］

Hello, I'm Pedro Gonzales. I have an appointment with Dr. Lopez next Monday at 10:00 A.M.. Suddenly, I have to go on a business trip to Singapore, and I won't be able to come on that day. Can I reschedule it for a later date? Please call me back at 555-1002.

（こんにちは、私はペドロ・ゴンザレスです。私は来週月曜日午前10時にロペス博士との約束があります。突然、シンガポールに出張に行かなければならなくなり、その日に伺えなくなりました。後日に延期することはできますか。555-1002に掛け直してください）

4．話し手は聞き手に何を頼んでいますか。

(A) 患者カードを返すこと。
(B) 情報を訂正すること。
(C) 出張の手配を行うこと。
(D) **約束のスケジュールを変更すること。**

Part 5 リーディング 読解問題

16日目 フォーム系文書

力だめし！（本冊p.134〜135）

Questions 1-3は以下のスケジュールを参照してください。

定期窓掃除

定期窓掃除は次のように予定されています。

	場所	時間
11月1日	入口	9:00A.M.〜11:00A.M.
11月2日	1〜3階	9:00A.M.〜3:00P.M.
11月3日	4〜7階	9:00A.M.〜4:00P.M.
11月4日	駐車場	9:00A.M.〜12:00noon

作業中に在宅している必要はありません。雨天の場合、作業を次週まで延期するかもしれません。もし作業について質問がある場合は、555-1120のタウンズライジングコーポレーションにお問い合わせください。我々は、騒音を最小限に抑えるよう努力します。ご協力に感謝します。

1. どこで作業は行われますか。
(A) オフィスビルで。
(B) 百貨店で。
(C) **マンションで。**
(D) 公立校で。

2. いつ上階の作業はされますか。
(A) 11月1日。
(B) 11月2日。
(C) **11月3日。**
(D) 11月4日。

3. 悪天候の場合何が起きますか。
(A) 駐車場が開放されている。
(B) **予定が変えられるかもしれない。**
(C) 入口が閉ざされる。
(D) 騒音が大きくなるかもしれない。

Questions 4-6は以下の請求書を参照してください。

請求書

グランドオーティス

www.grand-ortis.com

送り先：ジョージ・アンダーソン様
　　　　120ゴードン ストリート
　　　　スプリングフィールド

品物	価格
JCL 丸テーブル	$2,000.00
白いデラックスソファ	$4,500.00
TDS キャビネット	$3,200.00
割引	−$1,940
合計	$9,700.00

注　文　日：2月20日
支　払　日：2月25日まで
配送予定日：3月10日

注文をキャンセルしたい場合は、カスタマーサービス555-1123に3月1日までにご連絡ください。

4. グランドオーティスは何の会社ですか。
(A) レストラン。
(B) **家具店。**

(C) カーディーラー。
(D) ウェブデザイン会社。

5. アンダーソンさんのところへ商品はいつ届けられますか。
(A) 2月20日。
(B) 2月25日。
(C) 3月1日。
(D) **3月10日。**

6. アンダーソンさんは注文をキャンセルしたいとき何をすべきですか。
(A) 領収書を返す。
(B) **グランドオーティスへ電話する。**
(C) フォームに記入する。
(D) 最寄りの店を訪ねる。

17日目 箇条書きのある文書

✔ Check!（本冊p.139）

仕事の機会

ラウンドクエストは現在、当社の全国の店舗チェーンのいずれかで働く販売スタッフを求めています。
必要な資格：
・高校の学位
・販売の仕事の経験3年以上
・良好なコミュニケーションスキル
・ワープロソフトに精通している
・流ちょうな英語

申し込むには、j.hudson@roundquest.com、ジェイ・ハドソンにあなたの履歴書を送ってください。ラウンドクエストの詳細については、当社のWebサイトwww.roundquest.comをご覧ください。

💡 力だめし!（本冊p.141～142）

Questions 1-3は以下の広告を参照してください。

成長中のゲーム会社レヴァンス社は現在、画期的なゲームを開発するために私たちと一緒に働く、精力的で熱意のあるゲームクリエイターを探しています。

必要な資格：
・ゲーム市場の深い理解
・ゲーム業界での経験3年以上
・強い論理的思考と分析スキル
・積極的な姿勢を持ったチームプレイ

合格者は、韓国で10日間の集中ワークショップなどの3か月の研修期間を完了する必要があります。

この仕事に興味がある場合は、当社のウェブサイトwww.levance.com/application.htmlを通して出願してください。

1. 何が告知されていますか。
(A) ゲームの展示会。
(B) **仕事の空き。**
(C) 新会社。
(D) ワークショップ。

2. 要件の1つでないものは何ですか。
(A) 市場の知識。
(B) 人と働く能力。
(C) **マネジャーの経験。**

(D) 分析能力。

3. なぜ一部の人たちはウェブサイトへ行きますか。
(A) **出願を完了するため。**
(B) 仕事のリストを見るため。
(C) 旅行を申し込むため。
(D) オンラインゲームで遊ぶため。

Questions 4-6は以下のお知らせを参照してください。

ご案内

国立美術館を訪問してくださりありがとうございます。次のルールを守ってください。
・飲食は許可されていません。
・ペットは許可されていません。
・路上駐車は固く禁じられています。
・フラッシュをたかない撮影は、NO PHOTO エリアを除いて許可されています。
オープン：月〜金：午前10時〜午後6時
　　　　　土・日：午前11時〜午後4時
今後の展示会に関する情報はカウンターにご用意しています。
数に限りはありますがロッカーの用意がございます。

4. 誰のためのお知らせですか。
(A) アマチュア写真家。
(B) **施設訪問者。**
(C) レストランのお客。
(D) アパートの住人。

5. お知らせに掲載されていないものは何ですか。
(A) 路上に駐車することはできない。
(B) 建物内に犬をいれることはできない。
(C) **非会員はロッカーを使用することはできない。**
(D) 先のイベントの情報を得ることができる。

6. 美術館は毎日何時に開いていますか。
(A) 午前9時。
(B) 午前10時。
(C) **午後3時。**
(D) 午後5時。

18 日目　短めの文書

✓ Check! (本冊p.147)

受取人：アンソニー・ファース
差出人：スポーツ・タイムズ
日　付：3月3日
件　名：確認

アンソニー・ファース様

週刊ニュースレター「スポーツ・タイムズ」への加入申請をありがとうございました。あなたは私たちのメーリング・リストに追加され、来週からのニュースレターの受信が始まります。アスリートのインタビューや多くのスポーツに関連する刺激的なイベントについての情報を楽しんでいただけると確信しています。

ニュースレターの受信を停止するには、そ

れぞれのレターに含まれる「登録解除」リンクをクリックしてください。

スポーツ・タイムズ

1. スポーツ・タイムズとは何か。
2. スポーツ・タイムズはどのくらいの頻度で送られるか。
3. アンソニーはいつスポーツ・タイムズを受け取り始めるか。
4. アンソニーはどうしたらスポーツ・タイムズを受け取るのをやめられるか。

力だめし！（本冊p.149〜150）

Questions 1-3は以下のメールを参照してください。
受取人：リカ・ウィンドル
差出人：スプリングフィールド・ビジネス
日　付：4月10日
件　名：調査

リカ・ウィンドル様

スプリングフィールド・ビジネス誌を購読いただき、ありがとうございました。www.springfieldbusiness.com/survey.htmlでのオンライン顧客満足度調査を完了するために時間をお取りいただけると、よりよい顧客サービスをご提供する助けとなり、うれしく思います。このアンケートの締め切りは今日から1週間です。

調査を完了すると、主要なレストランで使用できる5ドルクーポンをお受け取りいただけます。ご不明な点がございましたら、このメールにご返信ください。

スプリングフィールド・ビジネス

1. メールの目的は何ですか。
(A) 雑誌のお薦めのため。
(B) 入金の確認のため。
(C) 質問への返信のため。
(D) **意見をお願いするため。**

2. 調査の締め切りはいつですか。
(A) 4月10日。
(B) **4月17日。**
(C) 4月24日。
(D) 4月30日。

3. ウィンドルさんは調査を完了すると何を受け取れますか。
(A) 雑誌。
(B) お金。
(C) **クーポン。**
(D) 食事。

Questions 4-6は以下のお知らせを参照してください。

市立図書館は、市営グリーンパークで4月7日（土曜日）、午前9時から午後5時まで開催される、毎年恒例のチャリティイベントへあなたをご招待します。入場料は、大人が10ドルで14歳未満の子どもが3ド

ルです。イベントには、ライブパフォーマンス、ほぼ5ドル以下の古本の販売、屋台、子ども向けのゲームが含まれます。昨年は、寄付金で図書館の塗装を塗り直し、新しいコンピュータを購入しただけでなく、子どもたちのための読書スペースをつくりました。
＊雨天の場合、イベントは体育館で行います。

4. どのくらいの頻度でイベントは開かれますか。
(A) 週に1回。
(B) 月に1回。
(C) **年に1回。**
(D) 4年ごと。

5. 8歳の入場料はいくらですか。
(A) **3ドル。**
(B) 5ドル。
(C) 8ドル。
(D) 10ドル。

6. 天気が悪いときは何が起こりますか。
(A) 音楽祭が中止される。
(B) イベントが延期される。
(C) **場所が変更される。**
(D) もう1つのプログラムが開催される。

19日目 長めの文書

✔**Check!** (本冊p.155)

受取人：ロバート・ゲイルズ
差出人：ポール・コートニー
日　付：6月15日
件　名：ユニコーン・クラブ

ロバート
私は昨日、あなたとランチをご一緒して、素晴らしい時間を過ごしました。また、あなたがユニコーン・クラブに興味を持っていることを聞いてうれしいです。メンバーは、私たちの大学をより良くするために様々な学生のためのプロジェクトに参加することができます。メンバーシップに関する簡単な情報は以下のとおりです。

会員は毎月のニュースレターを受け取ります。毎週金曜日午後4時から5時まで開催される会議に出席することに招待されます。イベントの企画からキャンパス清掃、地元企業や地域社会との共同作業まで、様々なプロジェクトがあります。私はあなたの学生生活がはるかに楽しいものになることを確信しています。

メンバーになるには、単にwww.lt-univ.edu/unicorn.htmlへ行き、オンラインフォームを送信します。クラブについて質問がある場合は、私にお気軽にお尋ねください。

私はあなたがメンバーになることを楽しみにしています。

ポール

1. ポールとロバートは昨日何をしたので

すか。
2. どのくらいの頻度で会議が開催されますか。
3. 会議はどのくらい長いですか。
4. ロバートは、メンバーになるために何をすべきですか。

力だめし！（本冊p.157〜159）

Questions 1-3は以下の記事を参照してください。

子どもたちのスーパーヒーロー、ゲイリー・エンドーはフランスで生まれましたが、シンガポールで育ちました。彼が演技に興味を持ったのは、彼がわずか4歳、映画「ライジングモンスター」を見たときでした。それ以来、彼の夢は映画で主人公になることでした。10歳のとき、彼はEST演技アカデミーに参加しました。そこはトーマス・ジェイソンやリンダ・ウォンのような何人かの有名な人たちが同様に学んだところです。全国的に知られているテレビ番組「スーパースチューデント」で主役のオーディションに合格したあと、演技へのかかわりにより、彼は人生の幅を広げています。彼はダニエル・シェルドンの役を演じました。それは超能力を持ち次々と問題を解決するという役です。このテレビ番組でゲイリーは、小さな子どもだけでなく、二十代までの若い人たちの間でも人気となりました。ゲイリー初の著書『夢は叶う』は来週出されます。そして彼は本のサイン会のために国中を旅する予定です。

1. ゲイリー・エンドーはいつ演技を習い始めましたか。
(A) 4歳のとき。
(B) **10歳のとき。**
(C) 16歳のとき。
(D) 20歳のとき。

2. なぜゲイリー・エンドーの人生は変わったのですか。
(A) シンガポールへ引っ越したから。
(B) 多くの問題を解決したから。
(C) ライジングモンスターに出演したから。
(D) **オーディションに合格したから。**

3. 翌週は何が起こりますか。
(A) ゲイリーの新しいテレビ番組が始まる。
(B) ゲイリーが旅行から戻ってくる。
(C) **ゲイリーの本が出版される。**
(D) ゲイリーがテレビでインタビューされる。

Questions 4-6は以下のメールを参照してください。
受取人：トム・パウエル
差出人：ジェイ・ハドソン
日　付：1月7日
件　名：興味ある？

こんにちは、トム。
最後に会ってからしばらく経ちましたね。元気にやっていると願っています。
あなたが興味を持つかもしれないアークテクノロジーズの求人を紹介するためにメー

ルを書いています。我々は今、日本や韓国などのアジア支部を監督する若くて才能のあるマーケティングディレクターを探しています。その仕事は毎月、海外出張が必要です。あなたと話したとき、国際的なビジネスに興味があると言っていましたし、この仕事はあなたにとって魅力的かもしれません。私はあなたがふさわしい人材であり、あなたの経験は私たちの会社のアジア市場でよりよい助けになると確信しています。実は、すでに私はあなたのことを上司に話していて、彼女はあなたに強い興味を持っています。

もし、あなたがこの仕事に興味を持つか詳しく知りたい場合は、週末までにメールか555-4668に電話で連絡をください。

よろしくお願いします。
ジェイ

4. トムは何に興味を持っていますか。
(A) 会社を設立すること。
(B) 若者を訓練すること。
(C) **国際的に働くこと。**
(D) 専門的に書くこと。

5. アークテクノロジーズについて何が述べられていますか。
(A) **アジアでビジネスをしている。**
(B) 10年前に設立された。
(C) コンピュータを開発する。
(D) 日本人の社長である。

6. ジェイはすでに何をしましたか。
(A) 彼の履歴書を送った。
(B) 韓国に旅行をした。
(C) **彼の上司に話した。**
(D) 手紙を書いた。

模擬試験　解答・解説

Part ❶ (本冊p.162)

1. [D] 難易度 ★☆☆ イギリス

(A) The man is putting on glasses.
（男性が眼鏡をかけようとしている）

(B) The man is carrying a chair.
（男性が椅子を運んでいる）

(C) The man is picking some plants.
（男性が草花を摘んでいる）

(D) **The man is reading a newspaper.
（男性が新聞を読んでいる）**

解説
すべて主語がThe manのため、男性の動作に注目する。動詞とその対象がともに正しいのは「新聞を読んでいる」という **(D)**。(A)のputting onは身につける動作を表すため、すでに身につけている場合はwearingでなければ正解にならない。(B)のchairや(C)のplantsは写真に写っているものの、動作が異なっているため不可。

2. [C] 難易度 ★★☆ オーストラリア

(A) They are in a bookstore.
（彼女らは書店にいる）

(B) They are in a supermarket.
（彼女らはスーパーにいる）

(C) **They are in a clothing shop.
（彼女らは衣料品店にいる）**

(D) They are in a hair salon.
（彼女らは美容院にいる）

解説
写真の場所がどこかを聞き取る問題。女性が手に持っているものや、後方に見えるものが衣類のため、正解は**(C)**。

3. [C] 難易度 ★★☆ アメリカ

(A) The woman is typing on a keyboard.
（女性がタイピングをしている）

(B) The woman is repairing a computer.（女性がパソコンを修理している）

(C) **The woman is talking on the phone.（女性が電話で話している）**

(D) The woman is putting paper on the wall.（女性が壁に紙を貼りつけている）

解説
女性の動作が問われている。パソコンモニターを見ているもののキーボードは写っていない。また、修理しているわけでもない。受話器を手に持っているため、話していると考えられる。正解は**(C)**。

4. [A] 難易度 ★★☆ イギリス

(A) **Children are riding their bicycles.
（子どもたちが自転車に乗っている）**

(B) Children are lying on the grass.
（子どもたちが芝生の上で寝転んでいる）

(C) Children are sitting on a bench.
（子どもたちがベンチに座っている）

17

(D) Children are running in the park.
（子どもたちが公園で遊んでいる）

解説

子どもたちが自転車に乗っている写真。そのまま描写している**(A)**が正解。(B)のlying onは「寝転んでいる」である。芝生は見えるが、子どもたちは寝転んでいないため不可。

5．[C] 難易度 ★★★ オーストラリア

(A) There are some signs next to the door.（ドアの横に看板がある）
(B) There are some people in front of the house.（家の前に人が数人いる）
(C) **There are trees behind the house.（家の向こうに木がある）**
(D) There are some houses near the river.（川の側に家が何軒かある）

解説

物と位置関係に関する描写。家と木の位置関係を描写している**(C)**が正解。(A)のsigns（看板）、(B)のpeople（人々）、(D)のriver（川）は写っていないためすぐに消去しよう。

6．[C] 難易度 ★★★ アメリカ

(A) The man is taking off a cap.（男性が帽子を脱いでいる）
(B) The man is driving a car.（男性が車を運転している）
(C) **The man is holding a door of the car.（男性が車のドアを押さえている）**
(D) The man is talking to a driver.（男性が運転手に話しかけている）

解説

男性の動作を聞き取る問題。「ドアを（閉まらないように）押さえている」という**(C)**が正解。(A)のtaking off a capは「帽子を脱いでいる」なので動作が異なっている。(D)のdriverは見えないため正解とは言えない。

7．[D] 難易度 ★★★ イギリス

(A) People are painting pictures.（人々は絵を描いている）
(B) People are listening to a speaker.（人々は話者の話を聞いている）
(C) People are entering a museum.（人々は美術館の中に入っていっている）
(D) **People are looking at an exhibit.（人々は展示物を見ている）**

解説

美術館の写真。右側の絵をexhibit（展示物）と描写している**(D)**が正解。(A)のpaintingは「絵を描いている動作」のため不正解。(C)のenteringは、外から中に入る動作を言うため、すでに中にいる場合は不可。

8．[A] 難易度 ★★★ オーストラリア

(A) **Women are sitting across from each other.（女性たちが互いに向き合って座っている）**
(B) One of the women is reaching for a book.（女性のうちの一人が本に手

を伸ばしている）

(C) Women are waiting near the counter.（女性たちがカウンターの側で待っている）

(D) One of the women is looking out the window.（女性のうちの一人が窓から外を見ている）

解説

選択肢の主語が女性二人または片方になっている。どちらにせよ動作に注目しよう。**(A)**は「女性たちが向かい合って座っている」という位置関係を描写しており正解。across from…「〜の向かい側に」という意味。「お互いの向かい側に座る」とはつまり「向かい合って座る」である。(C)の「カウンター」や(D)の「窓」は写っていないためすぐに消去したい。

9. [B] 難易度 ★★★ アメリカ

(A) There is a woman in the building.（建物の中に女性が一人いる）

(B) **There are telephone booths side by side.（電話ボックスが隣り合って並んでいる）**

(C) There is a ball under the tree.（木の下にボールがある）

(D) There are some people in the lobby.（ロビーに数人の人がいる）

解説

物と位置に関する問題。電話ボックスが2つ並んでいるので**(B)**が正解。side by sideは「隣り合って」の意味。(A)は女性の場所、(C)は木の下にあるもの、(D)は

人々がいる場所が異なっている。

10. [D] 難易度 ★★★ イギリス

(A) The man is holding a map.（男性が地図を持っている）

(B) The man is operating a vehicle.（男性が乗り物を運転している）

(C) The man is walking down the street.（男性が通りを歩いている）

(D) **The man is using construction equipment.（男性が工事用具を使っている）**

解説

男性の動作を聞き取る問題。ドリルをconstruction equipment（工事用具）と言い換えている**(D)**が正解。(B)のoperating a vehicleは「乗り物を運転している」なので不正解。単語の知識が問われている。

11. [A] 難易度 ★★★ オーストラリア

(A) **There are some lanes on the road.（道路に複数の車線がある）**

(B) There are some cars in a garage.（車庫に車が数台ある）

(C) Doors of the cars are open.（車のドアが開いている）

(D) Cars are displayed outside.（車が野外に展示されている）

解説

車ではなく、道路の車線を描写している**(A)**が正解。通常と視点が変わるため、正確な聞き取りが求められている。(B)のgarage（車庫）の発音にも注意しよう。(D)

のare displayedは「展示されている」という意味であり、車の販売店に展示してあるイメージのため不可。

12. [B] 難易度 ★★ アメリカ

(A) A vase has been placed on a table.（花瓶がテーブルの上にある）
(B) **A table is surrounded by some chairs.（テーブルの周りに椅子が置かれている）**
(C) Some people are sitting at a table.（数人の人がテーブルに着いている）
(D) Some chairs are lined up against the wall.（椅子が壁を背にして並べられている）

解説

物と位置関係の問題。真ん中にテーブルがあり、その周囲に椅子が置かれている状態を描写している**(B)**が正解。surroundは「〜を取り囲む」という意味。(A)は「テーブルの上に」とあるが何もない。(D)のline upは「〜を（一列に）並べる」なので写真に合わない。

13. [C] 難易度 ★★ イギリス

(A) There are diners at a restaurant.（レストランに食事の客がいる）
(B) There are pedestrians on the street.（通りに歩行者がいる）
(C) **There are passengers on a platform.（プラットホームに乗客がいる）**
(D) There are ticket booths at a station.（駅にチケット売り場がある）

解説

場所を聞き取る問題。電車が停車しているので駅のプラットホームである。そこにいる人々をpassengers（乗客）という単語を使っている**(C)**が正解。(D)のticket boothsは「乗車券売り場」のため不可。stationにつられないように気をつけよう。

14. [A] 難易度 ★★ オーストラリア

(A) **Children are boarding a bus.（子どもたちがバスに乗り込んでいる）**
(B) Children are playing a game.（子どもたちがゲームで遊んでいる）
(C) Children are enjoying hiking（子どもたちがハイキングを楽しんでいる）
(D) Children are crossing the street.（子どもたちが道を渡っている）

解説

子どもたちがバスに乗り込んでいる。この動作を描写している**(A)**が正解。boardは「（乗り物）に乗る」である。電車や船、さらに飛行機にも使えるため覚えておこう。

15. [D] 難易度 ★★★ アメリカ

(A) A table has been arranged between chairs.（テーブルが椅子の間に配置されている）
(B) A curtain is closed.（カーテンが閉まっている）
(C) Cushions are lying on the floor.

（クッションが床の上にある）

(D) **Frames are hanging on the wall.（額縁が壁に飾られている）**

解説

すべて異なる主語で始まっているため、正確なリスニング力が求められる。テーブルなどの家具が目立つが、壁にかかっている額を描写している**(D)**が正解。(A)のテーブルはあるが、椅子の間にはない。(B)はカーテンの状態が開いている。(C)はクッションが床の上にはないので不可。

Part 2 （本冊p.170）

16. [B] 難易度 ★★★ イギリス オーストラリア

When are you leaving for Hawaii?（ハワイへはいつ出発しますか）

(A) Yes, I've been there twice.（はい、そこへは2回行ったことがあります）

(B) **Next week.（来週です）**

(C) With my family.（家族と一緒に）

解説

When（いつ）で聞かれているため、直接答えている**(B)**が正解。WH疑問文に対してYes/Noはルール違反のため、(A)は即消去すべき。

【語句】leave for…（〜へ出発する）, twice（2回）

17. [C] 難易度 ★★★ アメリカ イギリス

Who borrowed the newest novel?（誰が新しい小説を借りましたか）

(A) It came out yesterday.（昨日出ました）

(B) At the library.（図書館です）

(C) **Daniel did.（ダニエルです）**

解説

Who「だれ」が聞かれているため、人物に関する応答を待つ。人名が入っている**(C)**が正解。

【語句】borrow（借りる）, come out（発売される）

18. [A] 難易度 ★★★ オーストラリア アメリカ

Could you check this document by the day after tomorrow?（この書類をあさってまでに確認してくださいますか）

(A) **Sure, no problem.（もちろん、いいですよ）**

(B) He'll be back on Wednesday.（彼は水曜日に戻る予定です）

(C) I'll pay by credit card.（クレジットカードで支払います）

解説

Could you…?は依頼の表現。承諾の決まり文句を使っている**(A)**が正解。依頼や提案表現を改めて確認しておこう（5日目）。

【語句】the day after tomorrow（あさって）, pay by…（〜で支払う）

19. [B] 難易度 ★★★ イギリス オーストラリア

Do you have some time now?（今時間がありますか）

(A) Yes, we arrived at the same time.（はい、私たちは同時に着きました）

(B) **Yes, but only a few minutes.（はい、でもほんの数分です）**

(C) I already checked it.（すでに確認を終えました）

解説
Yes/No疑問文は内容の聞き取りがポイント。「今時間があるかどうか」に対して、「どのくらいあるか」を答えている**(B)**が正解。YesやNoだけで判断せずに、そのあとに続く内容が応答として適切かどうかがカギ。

【語句】 arrive（到着する）, at the same time（同時に）

---

20. **[B]** 難易度 ★★ アメリカ イギリス

Where did you park your bicycle?（自転車をどこへ停めましたか）

(A) Every morning.（毎朝です）

(B) **Around the corner.（その角です）**

(C) Can I borrow it?（それを借りられますか）

解説
Where（どこ）で始まる疑問文のため、場所で答えているものを選ぶ。場所を指しているのは**(B)**。

【語句】 park（駐車する、駐輪する）

---

21. **[C]** 難易度 ★★★ オーストラリア アメリカ

What time do you usually get up on the weekends?（週末には、だいたい何時に起きますか）

(A) I went to the museum.（美術館へ行きました）

(B) No problem.（問題ないです）

(C) **At 7:30.（7時半です）**

解説
What time（何時）で始まり、時間が問われている。直接時間を答えている**(C)**が正解。質問が長くても、疑問詞を聞き取れれば答えられるものは多い。

【語句】 get up（起きる）

---

22. **[C]** 難易度 ★★ イギリス オーストラリア

Have you submitted the monthly report?（月報をもう提出しましたか）

(A) I'm not so tired.（私は疲れていません）

(B) It was nice meeting you.（会えてよかったです）

(C) **Not yet.（まだです）**

解説
Have you…?（もう〜しましたか）に対して、Not yet（まだ）と答えている**(C)**が正解。Yes/No疑問文は通常内容の理解がポイントとなるが、Not yet（まだ）はHave you…?やHas John…?など「すでに動作を終えたかどうか」の質問で必ず正解となることも覚えておこう。

【語句】 submit（提出する）, monthly report（月報）

---

23. **[A]** 難易度 ★★ アメリカ イギリス

Are you happy with the new package design?（新しいパッケージデザインに満足していますか）

(A) **Actually, I like the old one**

better.（実は、古いほうが好きです）

(B) Just sign your name here.（ここへサインしてください）

(C) Isn't it new?（新しいですよね）

解説

「新しいパッケージデザイン」の感想を聞いている。「古いほうが好きだ」という**(A)** が正解。Actually（実は）は、聞き手が予想している答えと異なるときによく使う。なお、この問題はAre you happyだけの聞き取りでは答えられないため、すべての内容の理解が求められている。

【語句】sign（サインをする）

---

24. [A] 難易度 ★★ オーストラリア アメリカ

How much does this bag cost?（このバッグはいくらしますか）

(A) **200 dollars with tax.（税込で200ドルです）**

(B) Yes, I'll be back soon.（はい、すぐ戻ります）

(C) Made in Malaysia.（マレーシア製です）

解説

How much…cost? は金額を聞く表現。直接金額を答えている**(A)** が正解。Yesで答えている(B)は即、消去しよう。

【語句】cost（お金がかかる）, tax（税金）

---

25. [C] 難易度 ★★ イギリス オーストラリア

Isn't the library closed today?（今日図書館は閉まっていないですか）

(A) Yes, I borrow some books every week.（はい、毎週何冊か本を借ります）

(B) Take the main street.（メインストリートを行ってください）

(C) **No, but it's only open until 1:00 P.M.（ええ、でも午後1時までしか開いていません）**

解説

「図書館が閉まっているかどうか」に関する質問。closedかどうかが問われているため、閉まって入ればYes、開いていればNoとなる。No（開いている）と答えたうえで、何時まで開いているかを伝えている**(C)** が正解。(A)のYes（閉まっている）はよいが、続く内容が質問の答えになっていない。

【語句】borrow（借りる），take（通る），open until…（～まで開いている）

---

26. [A] 難易度 ★★ アメリカ イギリス

Let me know if you need any help.（助けが必要なら知らせてください）

(A) **Thank you very much.（ありがとうございます）**

(B) I don't know who he is.（彼がだれかは知りません）

(C) By the end of tomorrow.（明日までです）

解説

疑問文ではない報告・確認タイプは、質問に答えるわけではないため、内容の理解がさらに重要となる。手伝いを申し出ているのに対して、お礼を伝えている**(A)**

が正解。(C)はプレゼンの手伝いをしてほしいと伝えているわけではない。

【語句】let me know（私に知らせる）

27. [A] 難易度 ★★★ オーストラリア アメリカ

Do you know how to use this photocopier?（このコピー機の使い方がわかりますか）

(A) **Yes, I'll show you.（はい、教えてあげます）**

(B) Twenty, please.（20です）

(C) Who's missing?（誰がいませんか）

解説

Do you know how…?は「方法を知っているかどうか」の質問。コピー機の使い方に対して、「教えてあげる」と伝えている(A)が正解。なお、YesはDo you know…?（知っていますか）に対しての応答のため、「知っている」ことを答えている。

【語句】photocopier（コピー機）, missing（見つからない）

28. [B] 難易度 ★★★ イギリス オーストラリア

Would you like some coffee, or is water fine?（コーヒーかお水はいかが）

(A) You're welcome.（どういたしまして）

(B) **Neither, thanks.（どちらもけっこうです）**

(C) Yes, I like it very much.（はい、とても好きです）

解説

Would you like…?は「～はいかがですか」という提案の表現。orでつなぎ、コーヒーか水を勧めている。「どちらもいらない」というNeitherで答えている(B)が正解。(C)はどちらを選んでいるかが不明。なお、Coffee, please.（コーヒーをお願いします）やI'm fine with water.（水でいいです）なども答え方のバリエーションとしてある。

【語句】neither（どちらも～ない）

29. [A] 難易度 ★★ アメリカ イギリス

How long does it take from here to the stadium?（ここから競技場へはどのくらいの時間がかかりますか）

(A) **About 45 minutes by car.（車だと約45分です）**

(B) No, I didn't hear it.（いえ、聞いていません）

(C) I watch baseball and soccer.（野球とサッカーを見ます）

解説

How long does it take…?は「どれくらい時間がかかるか」を聞く慣用表現。車で行った場合の時間を答えている(A)が正解。WH疑問文のため(B)のNoは消去できる。

【語句】stadium（競技場、スタジアム）

30. [C] 難易度 ★★★ オーストラリア アメリカ

Why don't we go out for a movie tomorrow?（明日、映画を見に行きませんか）

(A) Because it was fun.（それが楽しみだったからです）

(B) I've just moved to this town.（ちょ

うどこの町に引っ越してきました）

(C) **Are there any good ones?（何かいいものがありますか）**

【解説】
Why don't we…?は「〜しませんか」という提案表現。決まり文句の応答ではないため、内容の理解が求められる。「映画を見に行こう」という提案に対して「いい映画はありますか」とお勧めを聞いている(C)が正解。理由を聞いているわけではないため、(A)は不可。

【語句】go out for…（〜のために外出する）, move to…（〜に引っ越す）

---

31. [A] 難易度 ★★ イギリス オーストラリア
Why did you call the hotel?（なぜホテルへ電話したのですか）

(A) **To reserve a room.（部屋を予約するため）**

(B) For two nights.（2泊です）

(C) I stayed with coworkers.（同僚と一緒でした）

【解説】
Why（なぜ）で始まる質問は内容まで聞き取る必要がある。call the hotelとあるため、「ホテルに電話をした理由」を質問している。「部屋の予約をするため」と直接答えている(A)が正解。Whyへの応答は(A)のようにTo＋動詞（〜するため）や主語＋動詞となることがほとんど。

【語句】reserve（予約する）, two nights（2泊）, coworker（同僚）

---

32. [C] 難易度 ★★★ アメリカ イギリス
You should register for the seminar soon.（セミナーにすぐ登録したほうがいいですよ）

(A) Yes, you should.（はい、あなたが）

(B) The meeting will start at 2:00 P.M.（会合は午後2時開始予定です）

(C) **How can I do that?（どうやればいいですか）**

【解説】
「セミナーに早く登録したほうがよい」というアドバイスに対する応答となるのは、受け入れるか、断るか、それ以外かの3種類。ここでは登録方法について「どうやるの？」と聞いている(C)が正解。

【語句】register for…（〜に登録する）

---

33. [B] 難易度 ★★★ オーストラリア アメリカ
The train leaves at 2:45, doesn't it?（電車は2：45に出るんですよね）

(A) Yes, we do.（はい、私たちは）

(B) **According to the schedule, yes.（予定によると、そうです）**

(C) At the ticket counter.（チケットカウンターです）

【解説】
最後のdoesn't it?は「ですよね？」という確認程度のため無視してよい。ポイントは主語＋動詞を中心とした意味である。「電車が2時45分に出発する」ことについて確認しているのに対して、スケジュールに言及している(B)が正解。(A)はYes, it does.であれば正解となるが、主語が

weのため不可。

【語句】leave（出発する），according to…（〜によると）

---

34. [B] 難易度 ★★★ イギリス オーストラリア

Do you want to go straight home, or drop by a supermarket?（まっすぐうちに帰りますか、それともスーパーに寄りますか）

(A) It's open until 10 P.M.（午後10時まで開いています）

(B) **Is there any store near here?（この近くに何かお店はありますか）**

(C) I've lost my glasses.（眼鏡をなくしました）

解説

orでつながれているため、選択の対象がポイント。「まっすぐ家に帰る」か「スーパーに寄るか」の選択である。スーパーの有無について確認している**(B)**が正解。

【語句】go straight home（まっすぐ家に帰る），near here（この近くに），lost（なくした（loseの過去形、過去分詞形））

---

35. [C] 難易度 ★★★ アメリカ イギリス

The new manager will start working next week.（新しいマネジャーは来週から勤務を開始します）

(A) We've been busy lately.（私たちは最近、忙しくしています）

(B) Yes, I sent my résumé.（はい、私の履歴書を送りました）

(C) **I'm looking forward to meeting her.（彼女に会えるのを楽しみにしています）**

解説

「新しいマネジャーの勤務開始日」に関する報告が聞き取れているかどうかがポイント。「会えるのを楽しみにしている」というコメントを伝えている**(C)**が正解。

【語句】lately（最近），résumé（履歴書）

Part ③ （本冊p.171）

36. [A] 難易度 ★★ イギリス オーストラリア

W： Would you like to send this parcel by express or regular mail?

M： By regular mail, please. How long will it take to get there?

W： It will take about three days at the most.

女：この小包を速達で送りますか、それとも普通郵便で送りますか。

男：普通郵便でお願いします。どのくらいでそこへ着きますか。

女：遅くともだいたい3日で届くでしょう。

36. Where are the speakers?（話し手はどこにいますか）

(A) **At a post office.（郵便局に）**

(B) At an airport.（空港に）

(C) At a train station.（鉄道の駅に）

(D) At a hospital.（病院に）

解説

会話の場所が問われている。冒頭のsend this parcel（小包を送る）やexpress or

regular mail（速達または普通郵便）という表現が使われるのは、郵便局のため正解は**(A)**。それ以降にヒントはないため、冒頭の聞き取りがカギ。

37. [A] 難易度 ★★★ アメリカ

Thank you for shopping at Shack Camera. We are happy to announce that we are having a demonstration starting in 5 minutes in our camera department. Come see our latest models of cameras and learn how to operate them with Dan, who is a professional photographer for International Geography magazine.

シャックカメラでのお買い物、ありがとうございます。カメラ売り場にて5分後に実演を行うことをお知らせします。カメラの最新モデルをご覧にお越しください。そして、国際写真誌のプロカメラマン、ダンと一緒に、操作の仕方を学びましょう。

37. What is being announced?（何がアナウンスされていますか）

(A) **A demonstration.（実演）**
(B) A tour.（ツアー）
(C) A sale.（セール）
(D) A magazine.（雑誌）

解説

アナウンスの内容が問われている。We are happy to announce（アナウンスできて嬉しい）がポイント。that以降がその内容であり、We are having a demonstration（実演を行う）とある。そのまま選択肢

にある**(A)**が正解。

38. [A] 難易度 ★★★ オーストラリア イギリス

M：Excuse me, do you sell medicine for a headache?
W：Sure. This brand is very effective for headaches. You should take this medicine three times a day after every meal.
M：Alright. Thank you. I will take one bottle.

男：すみません、頭痛薬はありますか。
女：ええ。このブランドは頭痛にとても効果的ですよ。この薬を1日3回、食後に飲むといいですよ。
男：わかりました。ありがとう。それを1瓶いただきます。

38. Where are the speakers?（話し手はどこにいますか）

(A) **At a pharmacy.（薬局に）**
(B) At a clothing shop.（衣料品店に）
(C) At a hair salon.（ヘアサロンに）
(D) At a restaurant.（レストランに）

解説

話し手のいる場所が問われている。冒頭でsell medicine for a headache（頭痛薬を売っている）とあり、その後も「頭痛」、「薬」というキーワードが出てくる。正解は**(A)**のa pharmacy（薬局）である。

39. [B] 難易度 ★★★ オーストラリア

Hello, Mr. Davis. This is Bill Nye from UVC Books. I'm calling to let you know that the science magazine you ordered last week has just come in. Please come and pick it up at your convenience. Our regular business hours are from 10 A.M. to 8 P.M. Monday through Friday. Thank you.

こんにちは、デービスさん。こちらはUVC書店のビル・ナイです。先週注文された科学誌がたった今入荷したのでお知らせしようとお電話しています。ご都合のよいときにお越しいただきお引き取りください。通常の営業時間は、月曜から金曜までの午前10時から午後8時です。ありがとうございました。

39. What time does the store close?（店は何時に閉まりますか）

(A) At 7 P.M.（午後7時に）

(B) **At 8 P.M.（午後8時に）**

(C) At 9 P.M.（午後9時に）

(D) At 10 P.M.（午後10時に）

解説

閉店時間が問われている。前半は、「注文した本が入荷したので都合のよいときにお越しください」という内容であり、直後でOur regular business hours are from 10 A.M. to 8 P.M.（通常の営業時間は午前10時から午後8時です）と述べられている。正解は**(B)**。business hours（営業時間）がポイントとなり、正確な聞き取りが求められている。

---

40. [A] 難易度 ★★★ アメリカ イギリス

M：Carol, how many résumés have you received so far?

W：We've got more than five, and most of them have experience working at a library.

M：Oh, that's wonderful. We'll probably be able to find good helpers.

男：キャロル、これまでに何通の履歴書を受け取りましたか。

女：5通以上で、そのほとんどが図書館で働いた経験があります。

男：ああ、それは素晴らしい。多分、いいアルバイト職員を見つけられるだろう。

40. Why are the speakers happy?（なぜ話し手は喜んでいますか）

(A) **They will hire some helps.（アルバイトを雇うから）**

(B) They will attend a seminar.（セミナーに出席するから）

(C) They can buy new books.（新しい本を買うことができるから）

(D) They have got a new job.（新しい仕事を得たから）

解説

話し手が喜んでいる理由が問われている。「何通の履歴書（résumés）を受け取りましたか」から、スタッフ雇用の内容であることをつかむ。最後の男性のセリフでthat's wonderful（それは素晴らしい）と喜んでおり、そのあとに続くWe'll probably be able to find good helpers（いいアルバイト職員を見つけることが

できる）がヒントとなり、正解は**(A)**。hireは「雇う」。

41. [C] 難易度 ★☆☆ アメリカ

Thank you for coming to our car factory. I'm your guide, Rick Smith. During this tour, please don't touch any machines and stay behind the yellow lines at all times. Also, we all need to wear a safety helmet. Please ask me questions at any time.

我が社の自動車製造工場へお越しいただきありがとうございます。私はガイドのリック・スミスです。このツアーの間、どの機械にも触ってはいけませんし、いつも黄色いラインの後ろにいてください。また、我々はみんな、安全ヘルメットを着用しなければなりません。質問があればいつでも聞いてください。

41. Who is the speaker?（話し手はだれですか）

(A) A driver.（運転手）
(B) A waiter.（ウェイター）
(C) **A tour guide.（ツアーガイド）**
(D) A station attendant.（駅係員）

解説

話し手がだれかが問われている。冒頭の「我が社の自動車製造工場へお越しいただきありがとうございます」というあいさつのあと、I'm your guideと自己紹介をしている。正解は**(C)**。基本的に人物は冒頭でわかるため、出だしに注意しよう。

42. [B] 難易度 ★★☆ アメリカ イギリス

M: Jody, I will be leaving for New York on Monday, and staying there for three days. Could you please book a room for me at a hotel?

W: Of course. Do you have a preference for a hotel?

M: Not really, but a hotel near the airport is better for me. Please call me when you find a hotel.

男：ジョディ、僕は月曜にニューヨークへ発って、3日間滞在する。ホテルの部屋を予約してくれませんか。

女：もちろんです。ホテルの好みはありますか。

男：特にありませんが、空港に近いホテルのほうがいいです。ホテルを見つけたら電話をください。

42. What does the man ask the woman to do?（男性は女性に何を頼んでいますか）

(A) Buy a plane ticket.（航空券を買う）
(B) **Reserve a hotel room.（ホテルを予約する）**
(C) Check a guidebook.（ガイドブックを確認する）
(D) Call a travel agency.（旅行代理店に電話する）

解説

男性が女性に依頼する内容が問われている。男性の最初のセリフでCould you…?

という依頼表現のあとにbook a room for me at a hotel?と依頼をしている。このbook（予約する）をreserveと言い換えている**(B)**が正解。

43. [D] 難易度 ★★ オーストラリア

Thank you for coming to our job fair booth. I'm Brent Harper from Wedge Motors. I'm very excited that we have thirty people attending this session and I'm sure that all of you will be interested in our business. First, I'd like to inform you of today's schedule.

我が社の就職フェアブースへお越しいただきありがとうございます。私はウェッジ・モーターズのブレント・ハーパーです。この会議に30人の参加者を得て、とても興奮しています。皆さんが我が社のビジネスに関心を持っていただけると確信しています。まず初めに、今日の予定をお知らせします。

43. How many people have come to the event?（イベントには何人が来ましたか）
(A) 5 people.（5人）
(B) 10 people.（10人）
(C) 20 people.（20人）
(D) **30 people.（30人）**

解説
イベントに参加している人数が問われている。人数について述べている部分はwe have thirty people（30人）の部分しかない。正解は**(D)**。数字さえ聞き取れれば答えられる問題。

44. [D] 難易度 ★★ イギリス オーストラリア

W: Dan. When do you think we'll be able to finish our project?
M: If we work overtime every night this week, we'll be able to finish it on Friday.
W: We'll have more work to be done next week, so let's do so.

女：ダン。私たちのプロジェクトはいつ終わると思う？
男：今週、毎晩残業をしたら、金曜に終えられると思うよ。
女：来週はもっとたくさんの仕事を終えなくてはならないわね。じゃ、そうしましょう。

44. When will the project be finished?（いつ、その仕事は終わる予定ですか）
(A) On Tuesday.（火曜日に）
(B) On Wednesday.（水曜日に）
(C) On Thursday.（木曜日に）
(D) **On Friday.（金曜日に）**

解説
いつプロジェクトが終わるかが問われている。冒頭で女性が「プロジェクトがいつ終わりそうか」と質問したのに対して、男性がwe'll be able to finish it on Friday.と述べている。正解は**(D)**。ほかの曜日は出てこないため、確実に正解したい。

45. [A] 難易度 ★★ イギリス

Attention passengers. Due to heavy rain and high waves today, we are not allowed to leave the port now. We are still waiting for the weather to be fine, but we may stay here for tonight. For your convenience, the ship's café and restaurant will stay open until 11 P.M.

乗客の皆様にお知らせします。本日は豪雨と高波のため、今は出航が許可されていません。このまま天候が回復するのを待っていますが、今晩もここにとどまる可能性があります。皆様の便宜のため、この船のカフェ、レストランは午後11時までオープンする予定です。

45. What is the problem?（何が問題ですか）

(A) **The ship cannot leave the place.（船がその場所を離れられない）**
(B) Some documents are missing.（いくつかの書類がなくなっている）
(C) The restaurant is closed.（レストランが閉まっている）
(D) A trip was cancelled.（旅行がキャンセルされた）

解説

「何が問題か」が問われている。Due to …「〜が原因で」は理由や原因の説明をするときに用いる表現。「豪雨と高波が原因で」という理由のあと、we are not allowed to leave the port now. と伝えているため、これが問題である。正解は**(A)**。

46. [B] 難易度 ★★ アメリカ イギリス

M：Hi, I'm looking for a jacket to go with this shirt. Can you help me find something suitable?
W：Of course. Please follow me. Do you have any likes or dislikes?
M：I prefer simple designs.

男：こんにちは、このシャツに合わせるジャケットを探しているんです。ふさわしいものを何か見つけるのを手伝ってくれますか。
女：もちろんです。どうぞ、こちらへ。何か、好き嫌いはありますか。
男：シンプルなデザインのほうが好ましいです。

46. What kind of jacket does the man want to buy?（男性はどんな種類のジャケットを買いたいですか）

(A) A bright color.（明るい色）
(B) **A simple design.（シンプルなデザイン）**
(C) A reasonable price.（手頃な価格）
(D) A light weight.（軽い重さ）

解説

「男性が買いたがっているジャケット」について問われている。女性（店員）が「何かお好みはございますか」と質問した直後に、I prefer simple designs. と答えている。ほぼそのまま書かれている**(B)**が正解。

47. [D] 難易度 ★★ オーストラリア

Hello. This is Harold Sanders. I'd like to make an appointment with Dr. Russell tomorrow. The morning is the only time I can come. Is it possible to see him tomorrow? Please call me back as soon as possible at 555-9876. Thank you.

もしもし。ハロルド・サンダースです。明日、ラッセル医師との予約をしたいと思っております。その朝しか、うかがえる時間がありません。明日、診てもらうことは可能でしょうか。555-9876まで、なるべく早く折り返しお電話ください。よろしくお願いします。

47. What does the speaker ask the listener to do?（話し手は聞き手に何をするよう頼んでいますか）
(A) Cancel an appointment.（予約のキャンセル）
(B) E-mail the available time.（可能な時間にメールをする）
(C) Talk to the doctor.（医師と話す）
(D) **Return the call.（折り返し電話をする）**

🔴解説

聞き手にしてもらいたいことが問われている。後半にPlease call me back（折り返し電話をください）とあり、これが依頼内容となる。call me backをreturn the callと言い換えている**(D)**が正解。

---

48. [D] 難易度 ★★★ イギリス アメリカ

W: Brian, I heard there is a really good jazz band playing tomorrow night at Blue Notes Club. Are you interested in seeing it?

M: I'd love to, but I have a meeting with my client at 6 P.M. tomorrow. How about next week?

W: Sounds great. The concert is held every Friday.

女：ブライアン。明日の夜、ブルーノートで本当にすてきなジャズバンドが演奏するって聞いたの。見ることに興味がある？

男：そうしたいよ。でも、明日は午後6時にクライアントとミーティングがあるんだ。来週はどう？

女：いいわね。コンサートは毎金曜日に開かれるの。

48. What does the man plan to do tomorrow?（男性は明日、どんな予定がありますか）
(A) Play in a band.（バンドで演奏する）
(B) Go to a concert.（コンサートへ行く）
(C) Take a day off.（お休みする）
(D) **See a client.（顧客に会う）**

🔴解説

「男性の明日の予定」が問われている。女性がジャズバンドのコンサートに誘っているのに対して、I'd love to, but…（そうしたいが）と前置きしたうえで、I have a meeting with my client at 6 P.M. tomorrow.と明日の予定を伝えている。正解は**(D)**。

---

49. [D] 難易度 ★★ アメリカ

Before we close the meeting, I just want

to remind you that you can still register for the presentation workshop that includes making effective documents and how to attract the attendees. To register, please go to the company Web site. If you have any questions, please call our office at extension 150.

会合を終える前に、改めてお知らせしますが、まだ、効果的な文書の作り方や出席者のひきつけ方に関するプレゼンのワークショップに登録することができます。登録するには会社のウェブサイトを訪れてください。ご質問があれば、会社の内線150にお電話ください。

49. How can the listeners register for the event?（聞き手はどのようにイベントに登録できますか）

(A) By attending a session.（会合に出席することによって）
(B) By completing a form.（書式を完成させることによって）
(C) By calling an office.（事務所へ電話することによって）
(D) **By accessing a Web site.（ウェブサイトへアクセスすることによって）**

解説

「イベント参加の登録方法」が問われている。中盤のTo register（登録するには）がポイントとなり、直後を聞き取る。please go to the company Web siteと続いているため、正解は**(D)**。

50. [A] 難易度 ★★★ オーストラリア イギリス

M: Sally, I need to take this computer to the technology department today, because it doesn't work properly.
W: Really? I have the instruction manual here. Why don't you check it first? Here you are.
M: Thanks for your help. I'll give it a try.

男：サリー。今日、このコンピュータがうまく作動しないので技術部へ持っていかなければならないんだ。
女：本当？　私、ここに取扱説明書を持っているわ。まず、それを確認したらどう？　どうぞ。
男：ありがとう。試してみるよ。

50. What does the woman give the man?（女性は男性に何を渡しますか）

(A) **A manual.（取扱説明書）**
(B) A telephone number.（電話番号）
(C) A computer.（コンピュータ）
(D) A map.（地図）

解説

「女性が男性に渡すもの」が問われている。男性がパソコンの不調を伝えたのに対して、女性がI have the instruction manual here.と「説明書」を持っていることを述べている。それを確認することを促し、Here you are.（どうぞ）と渡しているため、正解は**(A)**。

Part 4 (本冊p.174)

51. [C] 難易度 ★★★

Toshi Matsumoto often plans **enjoyable** events with his friends.（トシ・マツモトはしばしば彼の友人たちと**楽しい**イベントを計画する）

解説

語尾が異なっているため**品詞問題**と判断できただろうか。plans ------ eventsから、イベントを計画していることがわかる。この名詞eventに対して「どんなイベントか」を説明する形容詞**(C)**が正解。enjoyable eventsで「楽しいイベント」となる。ここまで学習をがんばってきたのだから、TOEIC Bridgeをenjoyable eventにしよう！なお、-ableは形容詞の語尾だと再確認しておこう。また、副詞から-lyを取ったものや、それに近いものが形容詞となることも覚えておこう。

52. [D] 難易度 ★★★

Employees are required to attend the workshop on successful **promotion** next month.（従業員は来月、成功する宣伝に関するワークショップに参加する必要があります）

解説

語尾の違いから**品詞問題**だと判断できる。形容詞successfulに続く品詞を覚えているかどうかがカギ。正解は名詞**(D)**。-tionは基本的に名詞の語尾だ。(A)動詞、(B)形容詞、(C)副詞。

53. [A] 難易度 ★★★

LC Classics ltd. is famous **for** traditional outfits and stylish footwear.（LCクラシックスは伝統的な衣装と洗練された靴で有名だ）

解説

前置詞が並んでいる選択肢。**前置詞問題**の解答は、空欄前後の単語とのつながりがカギ。famous（有名な）の後ろに、有名な対象物が続いている。「〜で有名な」はfamous for...を用いるため正解は**(A)**。

54. [B] 難易度 ★★★

Professor Reynolds **strongly** suggests that every student review all of the handouts for the final examination.（レイノルズ教授は、すべての学生が最終考査のための配布資料を見直すよう強く示唆した）

解説

語尾が異なるため**品詞問題**。主語の人物名と動詞の間に空欄がある。「主語がどんなふうに動作を行うか」が問われているため、主語と動詞の間に入るのは副詞**(B)**。(A)は形容詞、(C)は名詞、(D)は動詞。

55. [D] 難易度 ★★★

Mark Gonzales has been preparing for opening **his** store on Main Street.（マーク・ゴンザレスはメインストリートに彼の店を開くために準備をしているところだ）

解説
異なる形の**代名詞**は前後のつながりから判断する。名詞storeの前に置くのは、「だれの店」かを表す**(D)** his。(A)は主語の役割、(B)は目的語の役割、(C)は「〜自身」となるため目的語または「自分自身で」を意味する際に使用される。

56. [B] 難易度 ★★☆

The president of FSE Data **announced** the decision officially at the press conference.（FSEデータの社長は、記者会見で決定を正式に発表した）

解説
語尾が異なるため**品詞問題**。主語の後ろに空欄があり、その後the decisionという名詞（目的語）へと続いている。空欄に必要なのは動詞のため、正解は**(B)**。(A)名詞、(C)名詞、(D)動名詞。

57. [B] 難易度 ★☆☆

The manager **will provide** the details of the survey results to all members at tomorrow's meeting.（マネジャーが明日の会議で参加者全員に調査結果に関する詳細を配ります）

解説
時制が異なる動詞が並んでいるため**時制問題**。キーワードを特定する。後半にat tomorrow's meetingとあるため、provideするのは「明日」。よって、正解は未来を表す**(B)**。

58. [D] 難易度 ★★☆

The number of visitors to Hawaii has increased **sharply** after the movie featuring the resort came out.（ハワイを舞台にした映画が公開されたあと、ハワイへの観光客の数が急激に増加した）

解説
すべて異なる単語のため、**語彙問題**。副詞が並んでいるため、動詞との意味のセットを読み取ろう。動詞はincreasedのため、「どんなふうに増えたか」がポイント。増え方を表せるのは**(D)**急激に。

59. [A] 難易度 ★★☆

The baseball game scheduled for yesterday was cancelled **due to** the bad weather.（悪天候のため、昨日予定されていた野球の試合は中止となった）

解説
接続詞と前置詞が並ぶ選択肢。空欄の後ろに続くものが文か名詞かを確認する。the bad weatherは名詞のカタマリのため、空欄に入るのは前置詞となる。空欄前の「キャンセルになった」と空欄後の「悪い天気」の関係は結果と理由のため、理由を表す前置詞**(A)**が正解。(B)は理由を表す接続詞。

60. [D] 難易度 ★★☆

If you need to receive your orders as soon as possible, express delivery is available at **additional** cost.（できるだけ早くご注文の品をお受け取りになる必

要がありましたら、追加料金で速配サービスもご利用できます）

解説

語尾が変化している単語が並んでいるため**品詞問題**。空欄前がat、空欄後が名詞costのため、この名詞を説明するものが入る。名詞を説明するのは形容詞のため、-alで終わる**(D)**が正解。なお、副詞から-lyを取った形として考えてもOK。

---

61. [C] 難易度 ★★★

Anyone **who** has a library card can enter the museum free of charge.（図書館カードをお持ちの方はどなたでも美術館を無料でご観覧いただけます）

解説

関係代名詞の問題。主語となる名詞（先行詞）Anyoneの後ろに置かれ、空欄後に動詞hasが続いている。よって、主語と動詞の関係をつなぐ関係代名詞がポイントとなる。主語と動詞の関係をつなぐのはwho、which、thatの3つ。Anyoneは人であるため、正解は**(C)** who。

---

62. [D] 難易度 ★★★

Lisa Johnson spoke **longer** than any other participant at the speech contest.（リサ・ジョンソンはスピーチコンテストで他の参加者のだれよりも長くスピーチをした）

解説

品詞または比較の問題。空欄直後にthan（～より）があるため、正解は比較級の**(D)**。(A)は原級、(B)は最上級、(C)は名詞。

---

63. [D] 難易度 ★★★

Grand Shines Theater is popular because of its **location**, as it is only a three-minute walk from the station.（グランド・シャイン劇場は、駅からわずか徒歩3分という場所が理由で人気がある）

解説

名詞が並んでいる**語彙問題**。主語である劇場が人気があることが述べられ、because of itsと理由が添えられている。ここだけでは判断できないが、直後の関係代名詞節で空欄に入る名詞の説明が続いている。「駅から徒歩3分」とあり、アクセスの良さが人気の理由となるため、正解は**(D)**。(A)建設、(B)業務、(C)定期購読。

---

64. [A] 難易度 ★★★

The Personnel Department holds leadership seminars **regularly** for new managers.（人事部は新人管理職向けの管理職研修を定期的に行っている）

解説

副詞が並ぶ**語彙問題**。副詞は動詞を説明するため、holds leadership seminarsとセットで使われるものを考える。開催について適切につながるのは、頻度を表す**(A)** regularly。(B)うまくいけば、(C)素早く、(D)劇的に。

65. [B] 難易度 ★★☆

Seats must **be reserved** at least two weeks before the Annual Convention.（席は年次総会の最低2週間前におさえないといけない）

解説

名詞reservationと動詞reserveの活用形が並んでいるため、**品詞または動詞の形**が問われている。mustの後ろに空欄があるため、ここには動詞の原形が入る。主語Seats（座席）は、動詞reserve（予約する）という動作を受ける側のため、正解は受動態の**(B)**。

66. [C] 難易度 ★★☆

Please complete the attached form, and send **it** to the registration office by the end of the month.（添付された用紙にご記入のうえ、月末までに登録事務所にご返送ください）

解説

代名詞問題。文法的にはすべて入るため、send（送る）の目的語を特定する。冒頭から読むと、Please complete the attached form（添付の用紙に記入してください）とあり、and send ------- to the registration officeと続いている。送るものはthe attached formのため、正解は単数形を指す**(C)** it。

67. [A] 難易度 ★☆☆

To apply for membership, you are required to submit **both** the application form and a copy of your photo identification.（会員登録には、申込書と写真付き身分証明書のコピーの両方を提出することが必要です）

解説

接続詞と前置詞が並んでいる。bothやeitherなどは、セットで使われる接続詞である。空欄から読み進めていくとandでつながれている。andとセットになるのは**(A)** both。both A and B（AとBの両方とも）、either A or B（AとBのどちらか）、neither A nor B（AもBも〜ない）を思い出そう。despiteは「〜にもかかわらず」という前置詞。

68. [B] 難易度 ★★★

Wave Beverages has produced new soft drinks, and customers can **sample** them at major stores.（ウェイブビバレッジは新しいソフトドリンクを開発し、客は主な店で試飲することができる）

解説

動詞が並ぶ**語彙問題**。接続詞andで文がつながっているため、前から意味を取る。前半が「新しいソフトドリンクを製造した」、後半に「客は主要な店でそれら（＝新しいソフトドリンク）を…できる」と続いている。お客さんが新製品に対してできることは**(B)** sample（試飲する）。(A) 売る、(C) 費やす、(D) 予定する。

69. [B] 難易度 ★★☆

Students at West University **attend**

various workshops in order to learn new skills.（ウエスト大学の学生は、新たなスキルを学ぶために様々なワークショップに出席している）

解説

動詞の形または品詞の問題。文に動詞がないため、空欄に必要なのは動詞である。候補の(B)が複数形の主語に対応する動詞、(C)が単数形の主語に対応する動詞である。文の主語はStudents（複数形）のため、正解は**(B)**。at West Universityは前置詞atを用いて、Studentsを説明している働きのため主語ではない。

---

70. [B] 難易度 ★★★

Members of the frequent flyer program can take **advantage** of the airport lounge.（マイレージプログラムのメンバーは空港のラウンジを利用できます）

解説

名詞の**語彙問題**。主語はMembers、空欄の後ろがof the airport loungeとある。メンバーがラウンジに対してできることは、**(B)**のみ。take advantage of …で「～を利用する」という意味になる。take care of …（～の世話をする）では意味が合わない。

---

71. [C] 難易度 ★★★

If you need to search for any books, please speak **directly** to one of our librarians.（本をお探しの場合、図書館員に直接申しつけください）

解説

副詞を問う**語彙問題**。動詞とセットになるため、please speak（話してください）に続くものを選ぶ。to one of our librarians（司書のひとりに）もヒントとなり、正解は**(C)**の「直接」。(A)流暢に、(B)地元で、(D)部分的に。

---

72. [D] 難易度 ★★★

We are currently seeking experienced salespeople **whose** work responsibilities include domestic and foreign business trips.（国内ならびに海外出張を含む業務を行える経験豊富な販売員を、現在募集しています）

解説

関係代名詞が問われているため、前の名詞（先行詞）を確認する。salespeople（販売員）の説明を加える関係代名詞で、work responsibilities（仕事の責任）という名詞につながるものがポイント。「販売員の仕事の責任は～を含む」と後ろに通じるため、空欄には**(D)**が入る。「名詞『の』名詞」のように、「の」を入れて意味が通じる場合はwhoseを選ぼう。

---

73. [C] 難易度 ★★★

Even though most of our staff members have only a little experience, our sales reached much higher than we had expected.（スタッフの大半は少しの経験しかなかったにもかかわらず、私たちの売上は予想よりはるかに高かった）

解説

接続詞が並んでいる選択肢のため、カンマの前後の内容を関連づけて答える。前半が「スタッフのほとんどは少しの経験しかない」、後半が「予想よりもずっと高い売上に届いた」とある。「経験がない」と「予想より高い売上」は「逆」の内容のため、正解は**(C)**〜にもかかわらず。(A)〜なので、(B)〜までずっと、(D)しかし。Butは、冒頭に置いてカンマで文をつなぐことはできない。Most of our staff members have only a little experience, but our sales reached much higher than we had expected.であれば可能。

---

74. [A] 難易度 ★★☆

James Anderson received an **invitation** to the party to celebrate the Chicago Grand Institute's tenth anniversary.（ジェームス・アンダーソンは、シカゴグランドインスティテュートの設立10周年記念パーティーの招待状を受け取った）

解説

名詞に関する**語彙問題**。動詞receivedの目的語になるものを選ぶ。空欄の後ろにあるto the party（パーティーへ）もヒントとなり、受け取ったのは**(A)**招待状。(B)組織、(C)出席、(D)経験。

---

75. [A] 難易度 ★★☆

The complete line of our products are offered at up to a 40 percent discount **until** next Sunday.（豊富な品揃えの商品が、来週日曜まで最大40％の割引で提供されています）

解説

前置詞問題。前後のつながりを確認する。offered at up to a 40 percent discountという割引提供が述べられたあとに、next Sundayと続いている。これは割引提供期間を表すため、正解は**(A)**〜まで。(B)のonはon Sunday（日曜日に）では使えるが、on next Sundayとは言えないうえに、継続を表すことはできない。

---

76. [D] 難易度 ★★★

The **complete** schedule for the internship has been posted on the student hall.（インターンシップの全予定は、学生ホールに掲示されています）

解説

形容詞の**語彙問題**。名詞scheduleを説明する形容詞を特定する。内容を読み取ると「インターンシップの予定」であることがわかり、それがhas been posted（掲示される）とある。どんな予定が掲示されるかを考えると、**(D)**全部そろった。(A)職業の、(B)軽い、(C)資格のある。

---

77. [B] 難易度 ★★★

After checking the document, the analyst will send the **updated** data to us.（文書をチェックしたあと、分析家は更新データを私たちに送ってくれる）

解説

動詞の形が問われている。空欄前がthe、空欄後が名詞dataである。よって、空欄に入るのは形容詞となる。動詞を形容詞化したものを分詞と言い、-ingまたは-edがつく。dataとupdate（更新する）の関係は、「データ」は「更新する」という動作を受けるため、updated data（更新されたデータ）となる。正解は**(B)**。

---

78. [C] 難易度 ★★★

The designers have decided to **collaborate** with the marketing department to promote new products.（デザイナーたちは新製品を宣伝するために、マーケティング部門と協力することを決めた）

解説

動詞の**語彙問題**。デザイナーが決めた内容を読み取ると、空欄後にwith the marketing departmentと続いている。さらに「新製品を宣伝するため」とあることからも、マーケティング部と行うのは**(C)**協力する。(A)続ける、(B)構成する、(D)結論づける。

---

79. [A] 難易度 ★★★

For further information, please feel **free** to contact us by e-mail or by phone.（詳細については、メールまたは電話でお気軽にお問い合わせください）

解説

形容詞または副詞が問われている。feelに続き、to contact us（私たちに連絡することを）とあるため、正解はfeel free to …（自由に～してください）となる**(A)**。(B)明るい、(C)シンプルな、(D)離れて。

---

80. [D] 難易度 ★★★

Workers at the customer support center are required to talk **clearly** to customers.（カスタマーサポートセンターの従業員は顧客に対してはっきりと話すよう求められています）

解説

副詞の**語彙問題**。動詞talk（話す）、そしてto customersに続く内容を読み取る。カスタマーサポートセンターという内容からも、**(D)**はっきりとが正解。(A)様々に、(B)早く、(C)役立つように。

Part 5 （本冊p.181）

Questions 81–82は以下のレシートを参照してください。

ラウンデル書店		
ヘイスティングストリート		
(416) 555-0110		
1	トロントタイムズ	1.50ドル
1	月刊最新ニュース	2.50ドル
1	ツーリストジャーナル	6.50ドル
1	グランドミュージック	5.00ドル
小計		15.50ドル
総税		1.55ドル
	合計：	17.05ドル
	現金：	20.00ドル
	お釣り：	2.95ドル

日付：4月21日午後4時33分
返品にはレシートが必要となります

概要
書店のレシート。買った商品とそれぞれの金額、合計金額などが印刷されている。

---

81. [D] 難易度 ★☆☆

お客さんが商品を買ったのはいつですか。
(A) 早い時間帯の午前中。
(B) 遅い時間帯の午前中。
(C) 早い時間帯の午後。
(D) **遅い時間帯の午後。**

解説
商品を買ったのがいつかが問われ、選択肢を見ると時間帯だとわかる。Dateに4:33 P.M.とあるため、正解は**(D)**。素早く読み取りたい。

---

82. [C] 難易度 ★☆☆

最も値段が高い商品は何ですか。
(A) トロントタイムズ。
(B) 月刊最新ニュース。
(C) **ツーリストジャーナル。**
(D) グランドミュージック。

解説
もっとも高い商品が問われているため、金額と商品名を確認する。もっとも高いのは$6.50であるため、その商品を確認すると**(C)**が正解。

Questions 83-84は以下の請求書を参照してください。

請求書
プレコム
www.prem-com.com

配達先：
レイチェル・グリーン様
オークヴィル　パシフィック通り3150

商品　　　　　　　　　価格
1　ノート型パソコンAXQ200s
　　　　　　　　　　100.00ドル
1　ノート型パソコンバッテリー
　　AXQ200s用　　　30.00ドル
2　DHKパソコンスピーカー 40.00ドル
税　　　　　　　　　　17.00ドル
合計　　　　　　　　187.00ドル

ご注文日：10月28日
お支払い方法：クレジットカード
配達予定日：11月4日

お問い合わせは、555-6996のカスタマーサービス部までお電話ください。

概要
Invoiceとは請求書のこと。買った商品とそれぞれの金額、配達予定日などが印刷されている。

---

83. [C] 難易度 ★★☆

プレコムの業種は何ですか。
(A) レストラン。
(B) 家具店。
(C) **電化製品店。**
(D) 食料品店。

解説

プレコムの業種が問われている。請求書に書かれている品目はLaptop computer、battery、computer speakerとパソコン関係のもの。これらの商品を扱っているのはappliance store（電器店）のため**(C)** が正解。

---

84. [B] 難易度 ★★★

品物が注文されたのはいつですか。
(A) 10月24日。
(B) **10月28日。**
(C) 11月2日。
(D) 11月4日。

解説

品物が注文された日が問われている。Order Dateが該当箇所。正解は**(B)**。問題を正確に読み、素早く場所を特定したい問題。

Questions 85–86は以下のお知らせを参照してください。

> お知らせ
>
> ニュートン劇場へようこそ。生の演技をお楽しみいただくため、以下の基本ルールをお守りください。
> ・携帯電話はお切りください。
> ・上演中は話をしないでください。
> ・上演中は写真撮影はしないでください。
> ・劇場内での飲食はしないでください。
>
> 今後の上演に関する情報は、インフォメーションデスクまたはウェブサイトでご確認いただけます。
>
> チケットブース営業時間
> 平日：午前10時 – 午後6時
> 土曜：午後12時 – 午後5時

概要

Noticeとはお知らせのこと。冒頭にNewtown Theaterとあるため劇場にあるお知らせ（注意書き）だとわかる。お知らせの目的は、箇条書きで書かれているルールである。

---

85. [C] 難易度 ★★★

情報の中で述べられていないものは何ですか。
(A) 建物内で食事は禁止されている。
(B) 写真撮影は禁止されている。
(C) **インターネットでチケット購入ができる。**
(D) 携帯電話を使用できない。

解説

お知らせの中で述べられていない情報を選ぶ。(A)はDo not eat or drink…のこと。(B)はDo not take pictures…のこと。(D)はTurn off your mobile phoneのこと。よって、述べられていない**(C)**の「インターネットでチケットが購入できる」が正解。選択肢で行われている「本文内容の言い換え」を素早く見抜く必要がある。

86. [B] 難易度 ★★☆

劇場でチケットを購入できるのはいつですか。

(A) 木曜日の午前9時。
(B) **金曜日の午前10時。**
(C) 土曜日の午前10時。
(D) 日曜日の午後5時。

解説

Whenで問われているので時間の話とすぐに判断する。お知らせの最後に時間が書かれている箇所がある。チケットの販売は平日が午前10時から午後6時、土曜日が12時から午後5時とあるため、この営業時間内に当たるのは(B)。Box officeとは「(映画館・劇場の)チケット売り場」のこと

Questions 87-89は以下の広告を参照してください。

> 求人
>
> 最大手のスポーツ用品販売会社のパークグッズは、ハイペースな国際環境で働ける、やる気と勤勉さにあふれた販売員を現在募集しています。
>
> 求められる資格：
> ＊流暢な英語と日本語
> ＊ストレスのかかる状況で働くことができる能力
> ＊最低5年の販売経験
> ＊柔軟性
>
> 添え状に、あなたがこの仕事にふさわしいと思う理由を書き、履歴書とともに welovefun@parkgoods.com. に提出してください。業務内容の詳細につきましては、当社ウェブサイトをご覧ください。www.parkgoods.com/jobdetails.html.

概要

Job Opportunity（仕事の機会）から、求人広告である。冒頭では求めている人物を、続いて必要な資格が提示されている。

---

87. [D] 難易度 ★☆☆

募集されている職種は何ですか。

(A) アマチュアの陸上選手。
(B) ソフトウェア開発者。
(C) 翻訳者。
(D) **販売員。**

解説

求人の対象が問われているため、is currently looking for（現在募集している）に注目。その直後にsales peopleとあるので「販売員」の求人であることがわかる。正解は(D)。

---

88. [C] 難易度 ★★☆

求められていない資格は何ですか。

(A) 二か国語を話す能力。
(B) 柔軟性。
(C) **大学の学位。**
(D) 以前の経験。

解説

求められていない資格に関して問われている。本文から、「英語と日本語が堪能」を指すのは「二か国語話せる能力」と言

い換えている(A)。「最低5年の販売員としての経験」が「以前の経験」と言い換えられている(D)。そして「柔軟性」はそのまま入っている(B)のこと。よって、書かれていない**(C)**が正解。

---

89. [B] 難易度 ★★★

募集に興味を持った人は、どのように詳細を知ることができますか。

(A) パークグッズに電話をする。

(B) **ウェブサイトを見る。**

(C) 次のページを読む。

(D) 就職フェアに参加する。

解説

詳細を得るための方法が問われている。detailed job descriptions（詳細な職務説明）の後ろを読むと、please visit our Web siteとある。正解は**(B)**。

Questions 90–91は以下のメールを参照してください。

宛先：モナ・ライト
差出人：カール・セーガン
日付：7月30日
件名：年次定期健診

ライト様
明日午前9時の健康診断の予約を確認するため、メールを書いています。
明日はIDカードを持参するよう言われましたが、ほかに必要なものはございますか。
内容を確認していただきましたら本日午後6時までにご返信いただけるとありがたいです。ご検討よろしくお願いいたします。
ご返事をお待ちしています。

カール・セーガン

概要

メールのSubject（件名）を見ると健康診断に関するメールである。冒頭で目的が伝えられ、細かい情報へと入っていく。

---

90. [B] 難易度 ★★★

メールの目的は何ですか。

(A) 新しい時間で調整するため。

(B) **予約の確認をするため。**

(C) 本の紹介をするため。

(D) 結果について質問するため。

解説

メールの目的が問われている。I am just writing to confirm my appointment…（予約を確認するために書いている）とあるので正解は**(B)**。ほぼ言い換えもないため、確実に正解したい。

---

91. [C] 難易度 ★★★

セーガンさんはライトさんに何を依頼していますか。

(A) 予約をキャンセルすること。

(B) 文書を準備すること。

(C) **質問に答えること。**

(D) 備品を注文すること。

解説

Mr. SaganがMs. Wrightに依頼している

内容が問われている。第2段落で「ほかに持っていくものはありませんか」と質問したあと、I would appreciate it if...（〜していただけるとありがたい）と続いている。内容は「メールの内容を確認したら、今日の午後6時までに返信のメールをもらいたい」というもの。「ほかに持っていくものがあるかどうか」をquestion と言い換えて、「質問に答えること」としている**(C)**が正解。

Questions 92-93は以下の情報を参照してください。

ギブソン・エレベーターズ
高原ビルのエレベータの年次定期点検が以下の日程で行われます：

	エレベータ	時間
1月10日	エレベータA ウイング1	午前8時－午前11時
1月11日	エレベータB ウイング1	午前11時－午後2時
1月12日	エレベータC ウイング2	午後1時－午後4時
1月13日	エレベータD ウイング2	午後1時－午後4時

オフィス勤務者の方のご不便にならぬように、常時3台のエレベータが稼働しています。必要な点検となりますためご協力お願いいたします。安全を優先に取り組みます。ご質問や気になる点がございましたら、当ビル管理者のボブ・ヤング（555-6066）までお電話ください。よろしくお願いいたします。

概要

冒頭にギブソン・エレベーターズと書かれたうえで、Annual elevator maintenanceとある。エレベータの定期メンテナンスのスケジュールと、それに関する注意書きへと続いている。

92. [C] 難易度 ★★★

何台のエレベータが作業中に稼働していますか。

(A) 1台。
(B) 2台。
(C) 3台。
(D) 4台。

解説

点検作業中に稼働しているエレベータの数が問われている。There will be three elevators operating at all times（常に3台のエレベータが稼働しています）とあるので**(C)**が正解。

---

93. [B] 難易度 ★★★

ボブ・ヤングとはだれですか。

(A) ビルの賃借人。
(B) ビルの管理者。
(C) 点検作業員。
(D) エレベータ係。

解説

ボブ・ヤングがだれかが問われている。人物名なので本文中での該当箇所はすぐに見つかる。Bob Young, who supervises the building（ビル管理者であるボブ・ヤング）とあるので**(B)**が正解。(C)の「点

検作業員」と間違えないようにしよう。

Questions 94-95は以下のお知らせを参照してください。

> KUビジネス・スクール・コミュニティの皆様へ　　　3月10日掲示
>
> こちらは皆様に覚えておいていただきたい重要なお知らせです。来月より、休講のお知らせをするにあたり新システムを利用する予定です。現在は休講のお知らせをウェブサイトkubusinessschool.comより確認することができます。それに加え、KU通知システムを利用して携帯電話メールやEメール経由で受け取ることもできます。
>
> すべての生徒と教職員は事前にシステムへの登録が必要です。ウィブサイトにアクセスして、今月末までに登録を済ませてください。―詳細な情報については、kualert@kubusinessschool.comまでEメールを送ってください。

概要

Dear KU Business School Communityと対象が書かれており、There is an important notice…（大切なお知らせ）とある。そのあと、新しいシステムの話へと入っている。

94. [A] 難易度 ★★★

情報の目的は何ですか。

(A) 人々に新しいシステムを知らせること。

(B) ビジネスコースについて発表をすること。

(C) 人々をイベントに招待すること。

(D) スケジュール変更を伝えること。

解説

1文目だけではわからないため、2文目を読むとWe are going to use a new system（新しいシステムを利用する予定だ）とある。noticeをTo notify（知らせること）と言い換えている**(A)**が正解。

95. [B] 難易度 ★★★

登録の締め切りはいつですか。

(A) 3月10日。

(B) 3月31日。

(C) 4月1日。

(D) 4月30日。

解説

deadlineは「期日」という意味。registrationは「登録」である。つまり「いつまでに登録しなくてはいけないか」が問われている。by the end of this month（今月末）とあり、かつ通知文の右上にPosted March 10（3月10日掲示）とあるので、「今月＝3月」を意味するため、正解は**(B)**の3月31日。

Questions 96-98は以下の手紙を参照してください。

> ロペス様
>
> 運営委員会は、ロペス様に年4回のビジネスプランコンテストにおける受賞

プレゼンテーションへのゲストとしてご招待させていただきたいと思います。コンテストは11月22日（日）午後6時より、カルパホールで行われる予定です。

参加費は私たちがカバーします。イベントの間、軽食が受付の隣に用意されています。お気軽にご利用ください。

イベント前後で、ホテルとカルパホール間のシャトルバスによる輸送が提供されます。

ロナルド・ベック
運営委員会

概要

冒頭でaward presentation（受賞プレゼンテーション）に招待していることが書かれている。そのあと、スケジュールや参加費など細かい情報が提示されている。

96. [C] 難易度 ★★★

どれくらいの頻度でイベントは開催されますか。

(A) 1週間に1回。
(B) 1か月に1回。
(C) **3か月に1回。**
(D) 1年に1回。

解説

受賞式が行われる頻度が問われている。冒頭の文にあるQuarterly（年4回）の意味がわかるかがポイント。年4回とはつまり3か月に1回であるため、正解は**(C)**。

97. [A] 難易度 ★★☆

どこで参加者は飲食物をもらえますか。

(A) **受付のそば。**
(B) バス停の隣。
(C) ホールの2階。
(D) 宴会場。

解説

設問のキーワードfood and drinksは、本文ではrefreshments（軽食）と言い換えられているため、意味を知らなかった場合はwill be served（提供される）などをヒントに推測できたかどうかがカギ。next to the reception areaとあるため、next to（隣）をnear（近く）と言い換えている**(A)**が正解。

98. [B] 難易度 ★☆☆

出席者には何が提供されますか。

(A) 映画のチケット。
(B) **交通手段。**
(C) ホテルの部屋。
(D) 会場への地図。

解説

出席者に提供されているものをピンポイントで読み取る。最終文にTransportation by shuttle bus is provided（シャトルバスによる輸送が提供されている）とある。そのまま書かれている**(B)**が正解。

Questions 99-100は以下のメールを参照してください。

宛先：ジョナサン・マイルズ
差出人：グレース・ケリー
日付：5月20日
件名：予約

マイルズ様

昨日はお会いいただき、ありがとうございました。どの施設を利用すればよいかわかりました。
今朝、部屋について上司と話をしました。結果として、6月1日予定の会社の全スタッフ会議は、昨日話した8つの部屋を予約したいと思います。また、プロジェクタとスクリーンのある大きな会議室の予約もしたいと思います
ご都合のよろしいときに、予約をご確認ください。

敬具
グレース・ケリー

概要

Subject（件名）にReservation（予約）とあるため、内容は予約に関するものだと判断できる。そのあと、部屋の予約に関して書かれている。

---

99. [D] 難易度 ★★★

ケリーさんは昨日何をしましたか。
(A) ホテルに泊まった。
(B) ホテルで働き始めた。
(C) 上司と話した。
(D) **マイルズさんと会議をした。**

解説

「Ms. Kellyが昨日行ったこと」が問われている。冒頭の文でMr. Milesに対しThank you very much for meeting with me yesterday（昨日はお会いしてくれてありがとうございます）とある。meはMs. Kelly自身を指しているので**(D)**が正解。

---

100. [C] 難易度 ★★★

ケリーさんは何を要求しましたか。
(A) イベントの予定を変更すること。
(B) 機械を修理すること。
(C) **機材を利用すること。**
(D) パーティーを開催すること。

解説

Ms. Kellyが要求している内容が問われている。第2段落のAlso（また）に続き、we would like toと希望が述べられており、「プロジェクタとスクリーンのある大きな会議室を予約したい」とある。プロジェクタとスクリーンの使用を指している**(C)**が正解。プロジェクタとスクリーンをequipment（機材）と言い換えている。

覚えておこう！ 基本単語集

本書の1～20日目に登場した、TOEIC Bridgeテストによく出る単語をアルファベット順に掲載しています。覚えた単語には ☑ をつけましょう。

※名＝名詞、動＝動詞、形＝形容詞、副＝副詞、前＝前置詞、接＝接続詞を表します。

1日目

- ☐ clothing store　衣料品店
- ☐ passenger　名乗客
- ☐ select　動選ぶ
- ☐ turn on～　～のスイッチを入れる

2日目

- ☐ arrange　動並べる
- ☐ display　動陳列する
- ☐ eraser　名消しゴム
- ☐ hang on～　～にかかる
- ☐ lie　動横たわる
- ☐ lean against～　～に寄りかかる
- ☐ luggage　名荷物
- ☐ on the floor　床に
- ☐ penholder　名ペン立て
- ☐ pick　動取る、摘む
- ☐ place　動置く
- ☐ shelf　名棚
- ☐ stack　動積み重ねる
- ☐ stationery　名文房具
- ☐ wall　名壁

3日目

- ☐ attend the meeting　会議に出席する
- ☐ exercise　動運動をする
- ☐ how often　どのくらいの頻度で
- ☐ late for～　～に遅刻する
- ☐ on the board　掲示板に
- ☐ once a week　週1回
- ☐ rent　動借りる
- ☐ sick　形病気の、具合が悪い
- ☐ through the Internet　インターネットで
- ☐ turn off～　～のスイッチを消す
- ☐ twice a month　月に2回
- ☐ visit Japan　日本を訪問する
- ☐ warm　形暖かい

4日目

- ☐ appointment　名予約

☐ client	名顧客		☐ out of order	故障中
☐ correct	動直す		☐ per month	ひと月当たり
☐ hurry	動急ぐ		☐ repair	動修理する
☐ later	副あとで		☐ take a break	休憩する
☐ leave the message	伝言を残す		☐ wait	動待つ
☐ leave the office	事務所を出る		☐ Why don't we ～?	～しませんか
☐ neither	どちらも～ない		☐ Why don't you ～?	～してはどうですか
☐ novel	名小説			
☐ solve	動解決する		☐ Would you like ～?	～はいかがですか
☐ usually	副たいてい		☐ Would you mind ～?	～していただけませんか

5日目

☐ be located～	(～に) ある
☐ bring	動持ってくる、連れてくる
☐ cabinet	名棚
☐ cost	動(費用が)かかる
☐ Could you～?	～していただけますか
☐ invite	動誘う
☐ make a hotel reservation	ホテルの予約を取る
☐ more than～	～以上
☐ order	動注文する

6日目

☐ be held	開催される
☐ college	名大学
☐ on vacation	休暇中
☐ the second floor	2階(アメリカ)(イギリスでは3階)
☐ travel agent	旅行代理店
☐ wear	動着ている

7日目

☐ accountant	名会計士

☐ almost	副ほとんど	☐ lawyer	名弁護士
☐ assignment	名課題、割り当て	☐ librarian	名司書
☐ available	形利用できる、用意がある	☐ look for〜	〜を探す
		☐ mechanic	名修理工
☐ bakery	名パン屋	☐ medicine	名薬
☐ bouquet	名ブーケ	☐ out of stock	在庫切れ
☐ brush	動磨く	☐ patient	名患者
☐ carpenter	名大工	☐ pharmacist	名薬剤師
☐ catalog	名カタログ	☐ photographer	名写真家
☐ checkup	名検査、健康診断	☐ prescribe	動処方する
☐ chef	名シェフ	☐ professor	名教授
☐ choose	動選ぶ	☐ real estate agent	不動産業者
☐ city hall	市役所		
☐ cough	名咳	☐ receptionist	名受付係
☐ deadline	名締切	☐ recommend	動薦める
☐ dentist	名歯科医	☐ replace	動交換する
☐ destination	名目的地	☐ reservation	名予約
☐ lecture	名講義	☐ reserved seat	指定席
☐ express train	急行電車	☐ retirement	名引退
☐ fever	名熱	☐ search	動探す
☐ flight attendant	フライトアテンダント	☐ secretary	名秘書
		☐ server	名ウェイター、ウェイトレス
☐ florist	名生花店		
☐ get off	降りる	☐ shipment	名発送、積み荷
☐ grocery store	食料品店	☐ still	副まだ

- [ ] travel arrangements　旅行の手配
- [ ] workout　名 筋トレ、運動

8日目

- [ ] arrive　動 到着する
- [ ] as scheduled　予定どおりに
- [ ] attractive　形 魅力的な
- [ ] business trip　出張
- [ ] conference　名 会議
- [ ] contact　動 連絡する
- [ ] convenient　形 便利な
- [ ] delay　動 遅れる、名 遅れ
- [ ] due to〜　〜のために
- [ ] exchange　動 交換する
- [ ] flyer　名 チラシ
- [ ] make a photocopy　コピーをとる
- [ ] marketing department　マーケティング部
- [ ] mechanical　形 機械の
- [ ] on time　時間に間に合って
- [ ] open until 5:00　5時まで開いている
- [ ] out of town　町の外に
- [ ] prefer　動 〜のほうがいい
- [ ] prepare　動 準備する
- [ ] receipt　名 レシート
- [ ] receive　動 受け取る
- [ ] relax　動 ゆっくりする
- [ ] review　動 検討する
- [ ] take a day off　1日休みを取る
- [ ] take a look　見てみる
- [ ] take the train　電車を利用する
- [ ] task　名 仕事、課題
- [ ] work overtime　残業する
- [ ] worry　名 心配する
- [ ] wrong　形 悪い

9日目

- [ ] anniversary　名 記念日
- [ ] apologize　動 詫びる
- [ ] assign　動 割り当てる
- [ ] basics　名 基礎
- [ ] be delayed　遅れる
- [ ] be not allowed　許可されていない
- [ ] behind schedule　予定より遅れて
- [ ] boarding time　搭乗時間
- [ ] bound for〜　〜行きの
- [ ] bus stop　バス停

☐ daily life	日常生活	☐ regular price	通常価格
☐ cooperation	名 協力	☐ selected item	特選商品
☐ edit	動 編集する	☐ stadium	名 競技場、スタジアム
☐ electronics store	電気店	☐ survey	名 調査
☐ enough	形 十分な	☐ take advantage of～	～を利用する
☐ equipment	名 機器		
☐ essential	形 不可欠の、必須の	☐ take a photo	写真を撮る
		☐ traffic report	交通情報
☐ executive	名 重役	☐ up to～	最大で～まで
☐ feedback	名 反応、意見	☐ vacuum cleaner	掃除機
☐ fill out～	～に記入する	☐ workshop	名 ワークショップ、研修
☐ foundation	名 設立		
☐ host	動 主催する		
☐ in stock	在庫の		

10日目

☐ inconvenience	名 不便	☐ activity	名 活動、アクティビティ
☐ introduce	動 紹介する		
☐ limited sale	限定のセール	☐ annual	形 毎年の、恒例の
☐ open position	職の空き	☐ application form	申し込み用紙
☐ parking space	駐車スペース		
☐ perform	動 演じる、演奏する	☐ attend	動 出席する
☐ position	名 職	☐ attention	名 注意
☐ president	名 社長	☐ bank account	銀行口座
☐ product	名 製品	☐ be sold out	売り切れている
☐ registration	名 登録	☐ briefly	副 簡単に

☐ direction	名 行き方、方向	☐ take place	行われる
☐ exit	名 出口	☐ treat	動 奢る、扱う
☐ explain	動 説明する	☐ various	形 様々な
☐ factory	名 工場		
☐ fantastic	形 素晴らしい		

11日目

☐ full refund	全額払い戻し	☐ a wide variety of〜	様々な種類の〜
☐ holiday season	ホリデーシーズン	☐ accept	動 受け入れる
☐ include	動 含む	☐ agreement	名 同意
☐ missing	形 見つからない	☐ author	名 著者
☐ move to〜	〜へ引っ越す	☐ beauty	名 美しさ
☐ national holiday	祝祭日	☐ capability	名 能力
		☐ clearly	副 はっきりと
☐ parking lot	駐車場	☐ clearness	名 明快さ
☐ photo identification	写真付き 身分証明書	☐ comfortable	形 快適な
		☐ convenience	名 便利さ
☐ present	動 提示する	☐ conveniently located	便利な場所にある
☐ register	動 登録する		
☐ regular	形 恒例の、定期的な	☐ decision	名 決定
☐ renovation	名 改装	☐ deliver a speech	スピーチをする
☐ reopen	動 〜に再開する	☐ development	名 発展、開発
☐ reschedule	動 予定を変更する	☐ economic	形 経済の
☐ sample	動 試食(試飲)する	☐ employee	名 社員
☐ seem	動 〜のように思える	☐ explain	動 説明する
☐ single-day tour	1日ツアー	☐ financial	形 お金の
☐ suddenly	副 突然	☐ importance	名 重要さ

☐ impressive	形 印象的な		
☐ in front of〜	〜の前に(の)	**12日目**	
☐ interesting	形 興味深い、面白い	☐ all over the world	世界中で
		☐ convention	名 会議
☐ introduction	名 紹介	☐ educational	形 教育の
☐ location	名 場所	☐ future	名 未来
☐ manufacture	動 製造する	☐ participate	動 参加する
☐ method	名 方法	☐ reserve	動 予約する
☐ officially	副 公式に	☐ serve	動 提供する
☐ opinion	名 意見	☐ tourist	名 観光客
☐ positive	形 肯定的な	☐ upcoming	形 今度の
☐ possibility	名 可能性		
☐ possible	形 可能な	**13日目**	
☐ promotion	名 販売促進、宣伝	☐ discount	名 割引
☐ promotional	形 販売促進のための	☐ electric car	電気自動車
		☐ furniture store	家具店
☐ reputation	名 評判	☐ medical checkup	健康診断
☐ scenery	名 景色		
☐ situation	名 状況	☐ near	前 近くに
☐ solution	名 解決法		
☐ specific	形 特定の	**14日目**	
☐ strongly	副 強く	☐ although	接 〜にもかかわらず
☐ the center of〜	〜の中心部	☐ be able to〜	〜することができる
☐ variety	名 多様性	☐ because	接 〜なので、〜だから

☐ because of～	～のために、～のせいで
☐ both A and B	AとBの両方とも
☐ cause	名原因
☐ celebrity	名有名人
☐ despite	前～にもかかわらず
☐ distribute	動配布する、分配する
☐ during～	前～の間
☐ either A or B	AまたはBのどちらか
☐ electric	形電気の
☐ even though～	～にもかかわらず、～だけど
☐ few	副少ない
☐ in spite of～	～にもかかわらず、～だけど
☐ lack of time	時間不足
☐ neither A or B	AもBも～ない
☐ New Year's break	正月休み
☐ not only A but also B	AだけでなくBも、AとBの両方とも
☐ record	動記録する
☐ renew	動更新する

☐ spend	動費やす
☐ technician	名技術者
☐ while	接～の間

15日目

☐ achieve	動達成する
☐ additional	形追加の
☐ attach	動添付する
☐ basically	副基本的に
☐ decrease	動減少する
☐ drawers	名たんす
☐ finally	副最終的に
☐ form	名用紙、書式
☐ formal	形正式な
☐ hopefully	副期待しながら
☐ improve	動改善する
☐ increase	名増加 / 動増加する
☐ land	動着陸する
☐ latest	形最新の
☐ meal	名食事
☐ necessary	形必要な
☐ partly	副部分的に
☐ protective	形防護用の
☐ provide	動提供する

☐ purchase	動購入する	
☐ quality	名質	
☐ regularly	副定期的に	
☐ reply	動返事をする	
☐ respond	動応じる	
☐ result in～	～の結果となる	
☐ submit	動提出する	
☐ successfully	副うまく	
☐ technical	形技術的な	
☐ valuable	形価値のある	
☐ visitor	名訪問者	

16日目

☐ across from～	～の向かいに
☐ appreciate	動感謝する
☐ avenue	名通り
☐ cash	名現金
☐ change	名おつり
☐ cooperation	名協力
☐ customer	名客
☐ deliver	動配達する
☐ each	形それぞれ
☐ entrance	名入口
☐ expected delivery date	配送予定日

☐ furniture	名家具
☐ item	名商品
☐ literature	名文学
☐ minimize	動最小限に抑える
☐ noise	名騒音
☐ orientation	名オリエンテーション
☐ payment	名支払い
☐ postpone	動延期する
☐ public	形公立の
☐ science	名科学
☐ total	名合計
☐ until	接前～まで
☐ weather	名天候

17日目

☐ ability	名能力
☐ abroad	副外国に、海外で
☐ accompany	動～に同行する
☐ advertise	動宣伝する
☐ amateur	名アマチュア
☐ analytical	形分析の
☐ application	名応募、申込（書）
☐ apply	動申し込む
☐ attitude	名態度

☐ be interested	興味がある	☐ knowledge	名知識
☐ behind	前〜の後ろに	☐ limited	形限られた
☐ beverage	名飲料	☐ managerial	形管理の
☐ candidate	名候補者	☐ minimum	名最低
☐ close to〜	〜の近くに	☐ nationwide	副全国の
☐ complete	動完了する	☐ next to〜	〜の隣に
☐ currently	副現在	☐ not allowed	許可されていない
☐ degree	名学位	☐ notice	名お知らせ
☐ develop	動開発する	☐ playground	名遊び場
☐ enthusiastic	形熱狂的な	☐ prohibit	動禁止する
☐ except	前〜を除いて	☐ qualification	名資格
☐ exhibition	名展示会	☐ required	形必須の
☐ experience	名経験	☐ requirement	名必要条件
☐ facility	名施設	☐ resident	名住人
☐ familiarity	名詳しいこと	☐ résumé	名履歴書
☐ flower bed	花壇	☐ safety	名安全
☐ fluent	形流ちょうな	☐ seek	動探す
☐ following	形次の	☐ strictly	副厳しく、固く
☐ food stand	食べ物の屋台	☐ through our Web site	私たちのウェブサイトを通して
☐ free of charge	無料で		
☐ including	前〜を含めて		
☐ industry	名業界		

18日目

☐ intensive	形集中的な	☐ advertisement	名広告
☐ job opportunity	仕事の機会	☐ announce	動発表する、知らせる
☐ keep off	入らないで		

☐ athlete	名スポーツ選手	☐ subscription	名定期購読
☐ by the end of June	6月末までに	☐ suggest	動提案する
		☐ take a moment	時間を取る
☐ confirm	動確認する	☐ thank	動感謝する
☐ confirmation	名確認	☐ used-book	古本
☐ coupon	名クーポン	☐ valued customer	大切なお客様
☐ customer satisfaction survey	顧客満足度調査		
		☐ weekly	形毎週の、週刊の
☐ donation	名寄付、寄付金		
☐ entry fee	入場料		

19日目

☐ every four years	4年ごとに	☐ act	動演技する
		☐ actually	副実は
☐ get up	起きる	☐ at least	少なくとも
☐ gymnasium	名体育館	☐ at the age of～	～歳のときに
☐ in case of～	～の場合	☐ audition	名オーディション
☐ newsletter	名社報、会報	☐ attractive	形魅力的である
☐ official	形正式な	☐ be familiar with～	～に精通する
☐ purpose	名目的		
☐ related to～	～に関連する	☐ look forward to～	～を楽しみにする
☐ reply to～	～に返信する		
☐ seating	名席	☐ be required	必要がある
☐ sign up for～	～に申し込む	☐ become	動～になる
☐ simply	副単純に	☐ book-signing	本にサインすること
☐ special occasion	特別なイベント	☐ branch	名支部
		☐ brief	形簡単な、短い

☐ broaden	動広げる	☐ passing	名合格
☐ collaborate with〜	〜との共同作業をする	☐ play a role	役を演じる
		☐ popular	形人気のある
☐ commitment	名コミットメント、深いかかわり	☐ professionally	副専門的に
		☐ public transportation	公共交通機関
☐ confident	形自信がある		
☐ decide	動決定する	☐ publish	動出版する
☐ enjoyable	形楽しい	☐ raise	動育てる
☐ establish	動設立する	☐ solve one problem	1つの問題を解決する
☐ famous figure	有名な人		
☐ feel free to〜	気軽に〜する	☐ somewhere	副名どこか
☐ found	動設立する	☐ suggestion	名提案
☐ going-away party	送別パーティー	☐ supervise	動監督する
		☐ talented	形才能のある
☐ internationally	副国際的に	☐ travel overseas	海外出張
☐ invitation	名招待（状）	☐ Why don't we 〜?	〜しませんか
☐ lead role	主役		
☐ learn	動学ぶ		
☐ local	形地元の	## 20日目	
☐ membership	名メンバーシップ、会員資格	☐ access	動アクセスする
		☐ additional cost	追加料金
☐ nationally-known	全国的に知られている	☐ along with〜	〜と一緒に
		☐ also	副接また
☐ neighboring	形近くの	☐ analyst	名アナリスト、分析者
☐ online form	オンラインフォーム	☐ appliance store	電器店

☐ arrange	動調整する	☐ be surrounded by～	～に囲まれている
☐ as a result	結果として		
☐ as follows	次のとおり	☐ board	動乗り込む
☐ as soon as possible	なるべく早く	☐ book a room	部屋を予約する
		☐ borrow	動借りる
☐ at any time	いつでも	☐ box office	チケットブース
☐ at the same time	同時に	☐ bright color	明るい色
		☐ business hours	営業時間
☐ at your earliest convenience	都合がつき次第	☐ call me back	電話を私に掛けなおす
		☐ cancellation	名取り消し、キャンセル
☐ attach	動記入する		
☐ attendance fee	参加費	☐ cap	名帽子
☐ attendee	名出席者	☐ carry	動運ぶ
☐ attract	動引き付ける	☐ celebrate	動祝う
☐ available time	可能な時間	☐ collaborate	動協力する
☐ avoid	動避ける	☐ college degree	大学の学位
☐ award	名賞、動授与する	☐ committee	名委員会
☐ basic rule	基本ルール	☐ competition	名競争、コンペ
☐ be accompanied by～	～を伴う	☐ construction equipment	工事用具
☐ be lined up	並べられる	☐ cross	動渡る
☐ be placed	置かれる	☐ curtain	名カーテン
☐ be prohibited	禁止されている	☐ demonstration	名実演
☐ be required to～	～する必要がある	☐ description	名記述

☐ detail	名詳細、動詳しく述べる	☐ for further information	詳細について
☐ diner	名（レストランで）食事をする人	☐ foreign	形外国の
☐ directly	副直接	☐ frequent flyer program	マイレージプログラム
☐ discuss	動話し合う	☐ garage	名車庫
☐ display	動展示する	☐ grass	名芝生
☐ domestic	形国内の	☐ handout	名配布資料
☐ drop by〜	〜に立ち寄る	☐ hang	動かかる
☐ each other	お互い	☐ headache	名頭痛
☐ effective	形効果的な	☐ hire	動雇う
☐ excite	動わくわくさせる	☐ hospital	名病院
☐ exhibit	名展示物	☐ identification	名身分証明（書）
☐ expect	動予期する	☐ in addition to〜	〜に加えて
☐ express delivery	速達便	☐ in advance	事前に、前もって
☐ extension	名内線	☐ in order to〜	〜するために
☐ facility	名設備	☐ inform	動知らせる
☐ faculty member	教職員	☐ inquiry	名問い合わせ
☐ final examination	期末テスト	☐ instruction manual	取扱説明書
☐ frame	名額縁	☐ lane	名車線
☐ flexibility	名柔軟性	☐ laptop computer	ノート型パソコン
☐ follow	動〜の後についていく		
☐ footwear	名靴	☐ lately	副最近
		☐ leading	形一流の

☐ leave for〜	〜に向けて出発する	☐ plant	名 植物
☐ lie	動 横たわる	☐ platform	名 プラットホーム
☐ light weight	軽量	☐ post	動 掲示する
☐ likes or dislikes	好き嫌い	☐ preference	名 好み
☐ look for〜	〜を探す	☐ prepare for〜	〜の準備をする
☐ make an appointment	予約する	☐ press conference	記者会見
☐ matter	名 こと、問題	☐ previous experience	以前の経験
☐ mention	動 述べる		
☐ miss	動 のがす、会いそこなう	☐ priority	名 優先すること
		☐ produce	動 生み出す
☐ mobile phone	携帯電話	☐ professional	形 プロの、職業の
☐ model	名 モデル、型	☐ promote	動 宣伝する
☐ notify	動 知らせる	☐ put on〜	〜を着る、身につける
☐ operate	動 動かす、運転する	☐ reach for〜	〜に手を伸ばす
☐ package	名 包み	☐ reasonable price	手頃な価格
☐ paint	動 (絵の具で)描く	☐ reception	名 受付
☐ parcel	名 小包	☐ refreshments	名 軽食
☐ park	動 駐車する	☐ register for〜	〜に登録する
☐ participant	名 参加者	☐ registration office	登録事務所
☐ pay	動 支払う		
☐ pedestrian	名 歩行者	☐ remind	動 思い出させる
☐ personnal department	人事部	☐ responsibility	名 責任
		☐ result	名 結果
☐ pharmacy	名 薬局	☐ ride	動 乗る

☐ safety helmet	安全ヘルメット	
☐ salespeople	名販売員	
☐ search for〜	〜を探す	
☐ sharply	副急激に	
☐ ship	名船	
☐ side by side	隣り合って	
☐ sign	名看板	
☐ so far	これまでのところ	
☐ software	名ソフトウェア	
☐ sports equipment	スポーツ用品	
☐ station attendant	駅員	
☐ stay	動滞在する	
☐ stay behind〜	〜の後ろにいる	
☐ successful	形成功する	
☐ suitable	形ふさわしい	
☐ supervisor	名監督者	
☐ survey results	調査結果	
☐ take off〜	（帽子などを）脱ぐ	
☐ tax	名税金	
☐ telephone booth	電話ボックス	
☐ tenant	名賃借人	
☐ text message	携帯電話メール	
☐ the day after tomorrow	あさって	
☐ keep in mind	覚えておく	
☐ traditional	形伝統的な	
☐ translator	名翻訳者	
☐ transportation	名輸送	
☐ travel agency	旅行代理店	
☐ twice	副2回	
☐ under stress	ストレスを受けて	
☐ upcoming	形今度の	
☐ update	動更新する	
☐ vase	名花瓶	
☐ vehicle	名乗り物	
☐ via	前〜経由で	
☐ work properly	正しく作動する	